パパの家庭進出がニッポンを変えるのだ！

ママの社会進出と家族の幸せのために

前田晃平

光文社

目次

パパの家庭進出がニッポンを変えるのだ！

ママの社会進出と家族の幸せのために

第二章　〝伝統的家族〟の呪いが、少子化をつくりだす……… 61

第三章 子育ては自己責任？……105

第五章　パパだから、ちょっと社会を変えてみた……… 187

最終章 私たちの「幸せ」を考えてみる……231

［プロローグ］

育休を取ってから、やっとパパになれた話

令和元年10月末、私たち夫婦にとって、第一子となる娘が生まれました。待ちに待った赤ちゃんを迎え、新しい家族が始まる……！　パパになるワクワクで、胸が高鳴りっぱなしでした。

準備は万端です。**世間ではまだ珍しい男性の育児休業**（以下、育休）**も、2カ月間取得済み！**「大の大人が2人がかりで取り組むのは、小さ～い赤ちゃんのかわい～い要求を満たすこと、それだけなんて……最高すぎる!!」と驚きの楽観視を決め込んでいた私は、「普段できないこともしちゃうぞぅ！」と、前から気になっていた本を10冊も購入。娘が寝ている間に、優雅にコーヒーでも飲みながら、読書も楽しんじゃおう！　うくくく。

しかし、そんな甘い幻想は、見事なまでの幻でした。新生児の育児は、「大変」どころじゃなく、「超大変」。うちの娘はぜんぜん寝てくれない赤ちゃんだったので、夫婦揃って慢性的な睡眠不足。そこに、大人ナシでは生きられない命を守るという神経をすり減らす使命と、

初めて尽くしの育児タスクが次から次へと押し寄せてきて、我々はノックダウン寸前でした。
ここに、さらに神経をやられる事態が追い討ちをかけてきます。それは、**夫婦喧嘩の激増**です。出産前はそこそこ円満だった私たち夫婦にとって、この事態は完全に想定外。極度の寝不足でゾンビ状態の大人が不毛な夫婦喧嘩を繰り広げる隣では、カナキリ声で泣き叫ぶ娘。

カオスな我が家へようこそ。

毎日、自問しました。「優雅な育休になるはずだったのに、なんでこんなことに？　日本じゃまだレアな男性育休まで取って、家事も育児もこんなにやっているのに！　**他のパパとは比べものにならないほど、俺は頑張ってるのにー‼**」

夫婦喧嘩激増の理由がようやくわかったのは、育休を終えて数カ月が経った頃です。それは、ひとえに、私のパパとしての自覚不足でした。**育休の取得なんて、本来なら当たり前のこと。なのに、「育休を取得した自分はイクメン！」なんつって、早い話が驕っていたんです。**この（今にして思えば）アホすぎる認知の歪みを、オムツを替えながら、寝かしつけながら、日々ジワジワと滲ませていた私の育児態度が、妻をキレさせ続けていたのです。
育児にいちばん大切なのは、親としての主体的なコミットのはず。タイムマシンがあったなら、この時の自分を正座させ、小一時間こう説教したい。**「お前は、お前自身の子どもの世話を、どういう了見で〝手伝って〟いるんだ?」**

しかし、妻との飽くなき戦（常に負け戦）の日々を経るにつれ、私の育児態度にも徐々に主体性が出てきたようです。それに伴い、育休の終わり頃には、夫婦の育児チームワークも機能するようになりました。2カ月は、終わってしまえばあっという間。でも、この期間を経て、私たち夫婦は今までとは違った信頼関係を築くことができたように思います。

そして、寝不足のカオスな日々は、毎日変わりゆく娘の成長をいちばん近くでみることができたという、人生でもっとも幸せな日々でもありました。2カ月間、この幸せを毎日かみしめ続けてはじめて、ようやくパパになった実感が湧いたのです。

私はこれまで、子どもが生まれたら勝手にパパになれるものだと思っていました。でも違いました。**パパになるにはトレーニングが必要でした。その貴重な機会となったのが、男性育休だったのです。**

そして、2カ月後に会社に復帰した時、自分の「視点の変化」に気づきました。社会問題の捉え方が、まるで変わっていました。

申し遅れましたが、私は「親子の笑顔をさまたげる社会問題を解決する」をミッションに掲げる「認定NPO法人フローレンス」で働いています。もともと親子にまつわる社会問題には関心がありましたが、育休取得後は、今までは感じなかった違和感を持つようになっていました。

例えば、政府が打ち出す「すべての女性が輝く社会づくり」。政府は上場企業役員に占める女性の割合を2030年までに30％程度にすると喧伝（けんでん）しています。「女性の政治家が足りない！　パリテ（フランスにおける政治の男女同数制）なう！」みたいな話もあります。どっちも「女性がんばれー！　ママたち、今よりもっとがんばれー！」と応援しているわけですが、いったい、パパたちはどこに行っちゃってるわけ？

OECDの統計によれば、他の先進国のパパの中で、日本のパパが突出して家事も育児もやっていません。日本では、6歳未満児のいる家庭の夫の平均的な家事・育児時間は1日あたり1時間7分。これに対し、アメリカの夫は2時間29分、スウェーデンの夫に至っては3時間21分で、日本のパパの3倍です。年間にしたら、その差はなんと、815時間……！

さらに、育休の取得率も、日本人男性は2019年度でたったの7・48％。先に挙げたスウェーデンではおよそ8割です。当然、日本のパパがやっていない家事育児は、主にママが引き受けています。この状態で「ママたち、仕事も、もっとがんばれー！」っていうのは、なんだかすごい違和感が……。

ママがもっと仕事のキャリアを積むためには、パパがもっと家事育児を担わなければ、物理的に不可能です。それをせずに妻に「もっと頑張って働いて！」と言うのは、問題解決の手段として筋が悪すぎます。だって、すでに仕事＆家事育児で手一杯の妻の側に、そんな時間的リソースはないんですから。

つまり、「すべての女性が輝く社会づくり」を実現するには、まず「すべての男性が安心して家事育児できる社会づくり」が必要不可欠です。政府・社会がまず力を入れるべきは、「女性の社会進出」より「男性の家庭進出」ではないでしょうか。

これまでＮＰＯスタッフとして取り組んできた親子にまつわる社会問題の議論には、「パパの不在」がとても多かったということに、私は育休取得後に初めて気づきました。「ママの努力が足りない」みたいな話だったり、子どもに何かあった時は「ママは何してたの？」みたいな話だったり……。「いったい、パパはどこにいるわけ？」とつぶやくことがどんどん増えていきました。

親子にまつわる社会問題を是正しようと声をあげ、実際に行動を起こしているのは女性が多いのが現状です。私の職場のフローレンスにしても、仲間の多くは女性です（代表は男子校出身の男性ですが）。親子にまつわる社会問題は、当たり前ですが、男性の問題でもあるはず。なのに、女性にばかり戦わせてしまっています。このままでいいはずがありません。ど

んなに女性が変わろうと努力しても、男性が変わろうとしなければ、社会は変わらないからです。

でも逆に言うならば、男性、とりわけ、**親子にまつわる社会問題の当事者であるパパが主体的に動き出した時、この社会に大きな変化が訪れるはずです。**すでに前線で戦ってくれている女性たちからすると「えっ……気づくの……遅っ!!」って感じだと思いますが、それでも行かないよりは遥かにマシです。関ヶ原の戦いだって、徳川家康率いる東軍に決定的な勝利をもたらしたのは、最後の最後までもたついていた小早川秀秋だったではありませんか！

勝利の鍵は、パパが握っているのです。

こんな思いを、私は日々、ｎｏｔｅのｗｅｂ記事にしたためています。パパになって初めて見えた、たくさんの不条理を、一人でも多くの方とシェアしたいと考えたからです。「意識高い系の自称イクメン野郎が上から目線で説教たれるつもりか」と身構えている方々がいたら、ご安心ください。私は上から目線になれる高さにまで行っていません。

夫婦で平等に家事育児分担しているつもりになっていたら、妻からみれば超不平等で大喧嘩になったりだとか、我が家の家事育児をリスト化してみたら、最低限やるべきことすらまともにやれていないことが判明して撃沈したりだとか……。

私は、石を投げればすぐ当たる、そこら辺の普通のパパです。でも、だからこそ、本書には意味があると考えています。なぜなら、**いつだって、社会を変えてきたのは名も無い普通の人たちだから。**特別な人間にしかできないことは広がらないし、それでは社会は変わりません。でも、普通のパパの私がやれることは、どんなパパにでもできることです。

私の目標は「すべての子どもが幸せな社会」をつくること。子どもが幸せな社会は、みんなが幸せな社会だと考えているからです。男性でも女性でも、異性愛者でも同性愛者でも、結婚していてもいなくても、子どもがいてもいなくても、年をとっていても障がいがあっても、みんなが幸せになれる社会です。**そんな社会をつくるためには、まずパパが変わらないといけないということに、娘が生まれてから、私はやっと気づきました。**

それから、ずっこけながら、失敗しながら、自分にできることをコツコツとやってきました。そして、新米パパのカッコ悪い体験談を元に、信頼できるデータや、様々な分野のプロフェッショナルに助けてもらいながら、一冊にまとめたのがこの本です。

本書をきっかけに「そこらへんにいる普通のパパも頑張ってるみたいだし、私も何かやってみようかな」なんて思っていただけたとしたら、それは「世界一子どもが幸せな社会」に、ほんの少し近づいたということ。筆者にとって、これ以上の喜びはありません。

第一章

パパの子育ての〝不都合な〟真実

私にとって、2カ月間の育休期間は本当に幸せな時間でした。こんなにじっくり家族と時間を共有できたのは初めてですし、何より、娘の成長を間近で見守ることができました。この機会をくれた会社のみんなと制度に、心から感謝しています。

……なんだけど！　この〝幸せ〟って、美味しいものを食べた時の「幸せ〜♥」とか、温泉に入った時の「幸せ……♨」とはまったくニュアンスが違うんです。

たとえるなら、新入社員として取り組んだ初の大仕事の後に感じた、あの幸せです。右も左もわからないけど、やることだけは山積み。顧客に叱られ、先輩に熱い指導を受け、半べソかきながら深夜までがっつり作業。取り組んでいる最中はめっちゃツライ。もうほんとツライ。でも、絶対に成果を出してやろうと何日も徹夜で頑張り、終わってみればキツかったことも含めてみんな良い思い出……からの「幸せ(T_T)」みたいな。私にとっての育休は、まさにそんな感じでした。

もう本当に正直なところ、復帰した時は**「仕事の方が楽じゃねーか……！」**って思ったもん……。

ママの「ちょっと」とパパの「ちょっと」はちょっと違うのです

何がそんなにツラかったのかと思い返すと、まあ色々ありましたが、大きかったのは妻との喧嘩（負け戦）の激増です。ただでさえカオスな新生児育児の現場で、唯一の相棒がたいていピリピリムードというのが、精神的にきつかった。

ある日買い物から帰宅すると、机の上に、読めば夫婦円満になるという噂の『夫のトリセツ』『妻のトリセツ』（講談社＋α新書、黒川伊保子〈編〉著。押しも押されもせぬベストセラー。みんな、悩んでるんだな……）が置いてありました。育児のヘルプに来てくれていたお義母さんが、二人の険悪ムードを見るに見かねて買ってきてくださったのです。

まだ取得率わずか7％の男性育休を取ったうえ、（当人の主観では）本気で育児に向き合っているはずなのに、なぜ喧嘩が増えてしまうのか。この原因を解明すべく、我が家の喧嘩勃発の瞬間を分析してみたところ、だいたい妻のこのひとことで開戦していることが判明。

「なんでそういうことするの？　ちょっと考えればわかるでしょ！」

私がよかれと思って言ったりやったり（あるいは、やらなかったり）することが、なぜか妻の地雷を踏み抜くという怪奇。でも、このひとことが飛び出した時は、〝ちょっと〟どころか、雑巾並みに知恵を絞っても、私には全然わからない。そしてこの「なんで怒られてるのかわからない」という態度が、事態をさらに悪化させます。

後で妻の機嫌が良くなった時に怒った理由を聞いてみると、「そりゃ僕が悪かった」と思う場合もあれば「え〜〜〜」って思う場合もありました。

ママの母乳のはじまりが、パパの受け身のはじまり

なんでこうなってしまうのか……、私のひねり出した結論は**「育児に関する意思決定が妻に偏っているため」**でした。うちの夫婦は、家事育児にかかわるタスクは平等に分担しています。ママにできてパパにできないのは、授乳くらいのもの。

しかし、この時期の育児に関する意思決定では、自然と妻の意思を優先するようになっていました。それは、母乳育児をしているかぎり、育児スケジュールが妻の肉体と直結してくるからです。

うちは母乳とミルクの混合栄養（母乳とミルクの両方を与えること）でしたが、妻はできる限り母乳の比率を増やしたいと考えていました。仮にですが、ここで私が「いやいや！

母乳は手間がかかるから効率を重視してミルクだけで育てようぜ！」と主張するのは、どうなのか……？

妻は娘の成長だけでなく、自身の身体の状態も加味して意思決定をしています。その時のおっぱいの生産量とか、乳首の状態とか（吸われ続けると皮がむけたり血が出たりします）、乳腺炎（乳腺が詰まっておっぱいが岩状態になったりヤバイ高熱が出たりします）とか、おっぱいには繊細な問題がたくさんあるからです（知らなんだ）。だから、私としては自分で調査したり考えたりしたことよりも、当事者である妻の意思を尊重しようと思いました。

すると、ミルクをあげる量やタイミングも、睡眠時間も、母乳を軸にして決まっていきます。ミルクをあげすぎるとおっぱいを飲まなくなってしまい、逆に少なすぎると体重が増えません。そして、授乳の時間が空いてしまうと、おっぱいが詰まって乳腺炎が悪化します。

私は妻の指示を待つことが増え、そのスタンスが身についてしまい、育児上の色々なシーンで「コマンド：待ち」を発動するようになりました。これが続くとどうなるか？　そう、立派な「指示待ちマン」の出来上がり！　会社でいえば、一番ダメなタイプの奴です。そして、**最初はよかれと思って妻の意思を尊重していたのに、気がついた時には、育児に関する勉強や調査はほとんど妻がやるようになっていました。**

そうした調査に基づいた妻の意思決定を、私は当然尊重するわけですが、この時点で妻と私の間には意識と知識に大きなギャップが出来上がっています。そしてこのギャップは私の行動となって表れ、妻の地雷を踏み抜くのです。

「なんでそういうことするの？　ちょっと考えればわかるでしょ！」

でも、この時にはもう〝ちょっと〟考えてもわからなくなってしまっているのです……(涙)。この罠にハマっているパパは多いんじゃないかなぁ……。妻の意思を尊重するのは、間違っていると思いません。でも、仕事においても育児においても「指示待ちマン」はイケてません。

手負いのパートナーを戦場に置いていけますか？

とはいっても、こんなピリピリムードが続くと私だって落ち込みます。慢性的な寝不足で正常な判断力を失っているため、その落ち方は普段の比ではありません。

そもそも育休なんて取らなければ喧嘩なんて起こらなかったのではないか……？　そっちの方がお互い精神衛生上よかったのではないか……？　こんなふうに思ってしまったことも

あります。

そうやってモヤモヤしていたある日の早朝。いつも通り、娘の泣き声で目が覚めました。ふらふらと起きだした妻が、おっぱいをあげようとします。

この時は、まだ娘も1カ月になっていなくて、おっぱいをうまく飲めませんでした。妻だって新人ママなので、うまくあげられません。しかも妻は乳腺炎を発症していて、授乳のたびに激痛が走っていた時期です。娘だけでなく、妻まで泣いてしまっていました。

おっぱいを飲みたいのに飲めない娘と、あげたいのにあげられないお母さん。母娘でわんわん泣きながらの、ひどい授乳の光景でした。テレビとかに出てくる神々しい母子の授乳シーンはいったいなんだったのか……。

私は慌てて、娘が少しでもおっぱいを飲みやすいように体勢のサポートをしました。授乳クッションでは高さが足りずに娘の頭の位置が低かったので、私が後ろから、頭を手で支えました。すると、なんとかチュパチュパと飲み始めてくれたのです。よ、よかった……と思って一息ついた時、妻が涙を流しながら「ありがとう」と言ってくれました。

この時、わかった気がしました。育休は、取りたいとか取りたくないとか、そういうものではなくて、取らなきゃいけないもんなんだと。喧嘩するくらい、いいじゃないか。**それより、パートナーを子育てという戦場に、二人で戦おうと誓った戦場に、たった一人で孤軍奮闘させるわけにはいかない。**そんな風に思うようになりました。

私は2カ月間、妻は9カ月間の育休ののち、二人とも元の職場に復帰しました。相変わらず夫婦喧嘩は定期的に勃発していますが、私が育休を取った2カ月間で、妻とは子育てのパートナーとしての信頼関係もできました。子育てという試練はこれからの方が圧倒的に長いわけですから、パートナーとの信頼関係は何よりも大切。育休はそれを築く最高のチャンスです。

ママの産褥期は、パパの正念場

「育休はパートナーとの信頼関係を築く最高のチャンス」というのは、実際に私が体験して

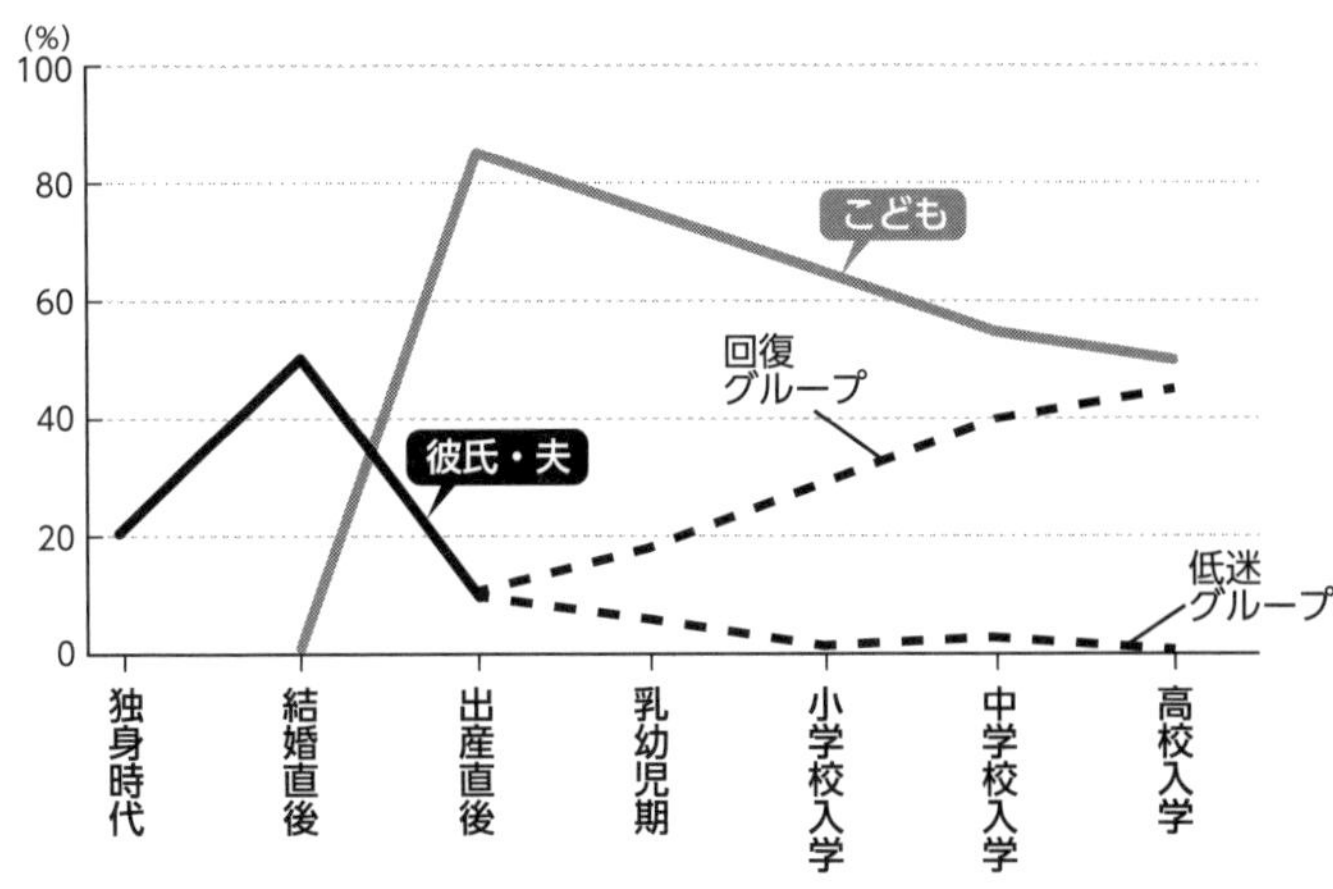

図1-1　出産直後に大きく変わる妻の愛情

出典：渥美由喜著『夫婦の愛情曲線の変遷』

感じたことです。でも、より正確に言うと、**「育休はパートナーとの信頼関係を築く〝ほぼ唯一の〟チャンス**（子どもがいる場合）**」**です。ここを逃したら、後がないんです。同胞たる男性諸君、これは本当に大事な話だから、どうか忘れないでほしい……!!

図1-1は、東レ経営研究所が発表した**「女性の愛情曲線」**です。女性の愛情の配分がライフステージごとにどのように変わるのかを表しています。結婚直前までは、彼氏、そして夫たる我らが名実ともに妻にとってナンバー1の存在です。ところが、妊娠を機に私たちのプレゼンスが凄まじい勢いで低下していきます。理由は見ての通り、子どもが取って代わるからです。まあ、これは百歩譲って仕方ないとしましょう。

しかし問題は、その後の推移です。「出産直後」から2つに分岐しています。V字回復するパターンと、地を這うように落ちていき、最後にはほとんどゼロ（！）になるパターン。この運命を分けるものはなにか……？

それは、妻の出産直後に夫が家事育児にコミットしたかどうか、です。ちなみに、この期間を逸するとその後の挽回は極めて困難とのこと。

私の同僚の女性は、もう何年も前になるこの時期の夫氏の振る舞い（曰く、あの野郎、私が陣痛で苦しんでいる間に、散髪に行きやがった!!）について、未だに腹を立て続けています。飲み会でその話を聞く度に、背筋にヒヤッとしたものが走ります。

「俺だって頑張ってるんだ」論争

男性育休を取ろうという人なら、程度の差こそあれ、家事育児をそれなりに頑張ろうと決意していることでしょう。私だって、そのつもりでしたとも。でも、本人目線の頑張ってる度と、実際にやれている度は、残念ながら違います。**我が家でも「俺だって頑張ってるんだ」論争が勃発しました。**

「家事も育児も、もう少し分担してくれないと、私が復職したら立ち行かなくなる」。こう宣言した妻に対し、「もう十分やってるでしょ！」と反論しました。だって、俺は頑張ってる！　お皿だって洗ってるし、お風呂だって掃除してる！　おむつだって替えてるじゃないか!!　侃々諤々の議論の末、お互いが担当する家事育児をすべてリストアップすることになったのですが……。

なんということでしょう！「ちゃんとやってる」と信じて疑わなかった私のタスクより、妻が粛々と行っているタスクの方が、ぶっちぎりで多いではありませんか。**私の目に入っていなかった家事育児が山のようにあったのです。**例えば、娘の爪切りとか、おむつや衣類のセレクト及び購入とか、赤ちゃんの肌に優しいシャンプーや石鹸探しとか、離乳食の献立を考えるとか、保育園の調査とか……。私は途中から「もう勘弁してください」ってなってました。

図1-2が、そのとき作った我が家の家事マッピングです（あふれかえる妻のタスクにご注目ください）。でも、これはきっと、多くの夫婦に共通する現象なのではないでしょうか。

ちなみに、私が初めて**図1-1**の「女性の愛情曲線」を目にしたのは、まだ結婚して間もない頃でした。当時は「そんな大袈裟な（笑）」くらいの感想しかなかったのですが、新生児の育児を実際に体験した今は、ものすごいリアリティを感じます。この時期の妻は、心身ともにボロボロでした。

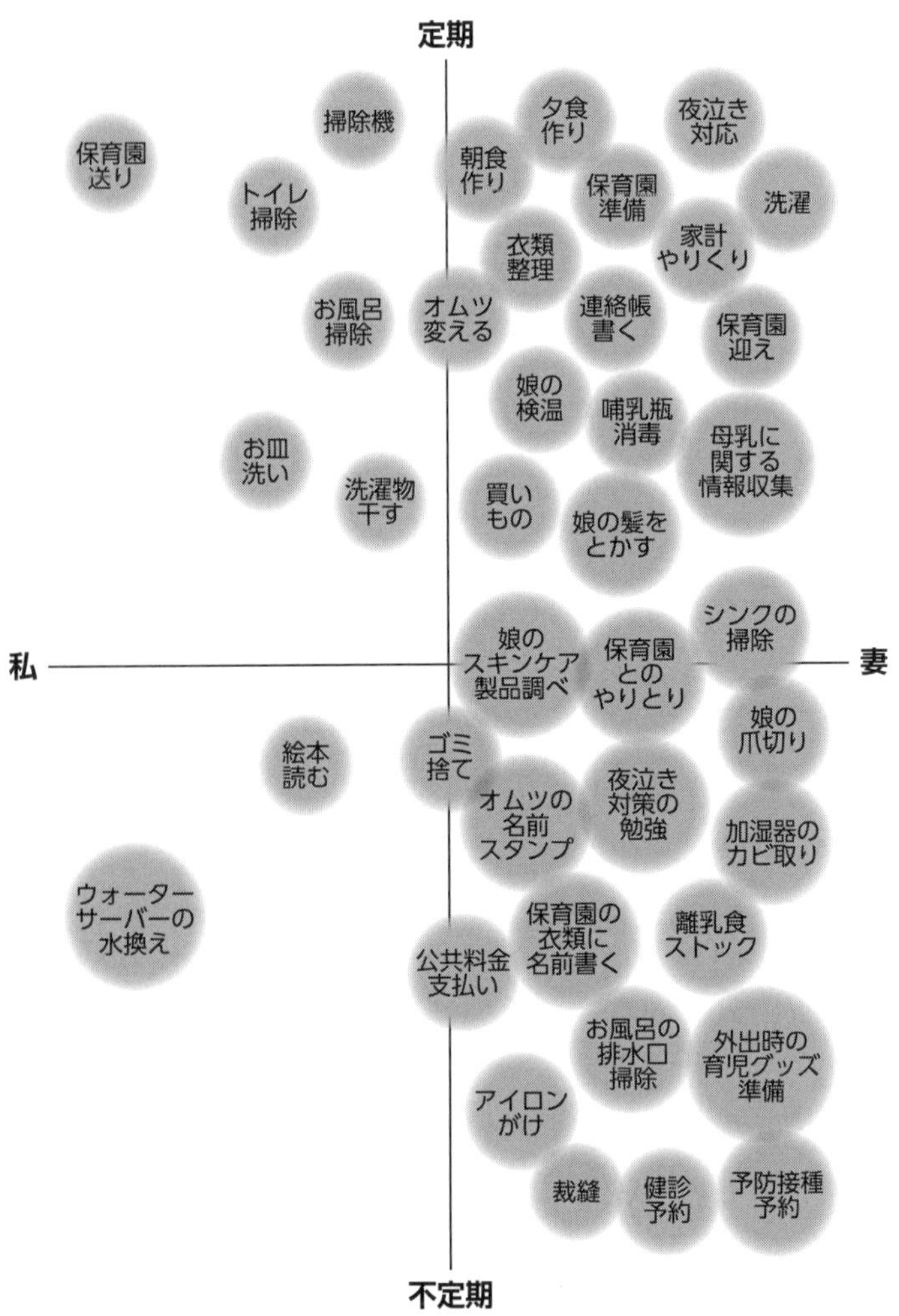

図1-2　夫婦の家事育児の偏り（前田家の場合）

筆者作成

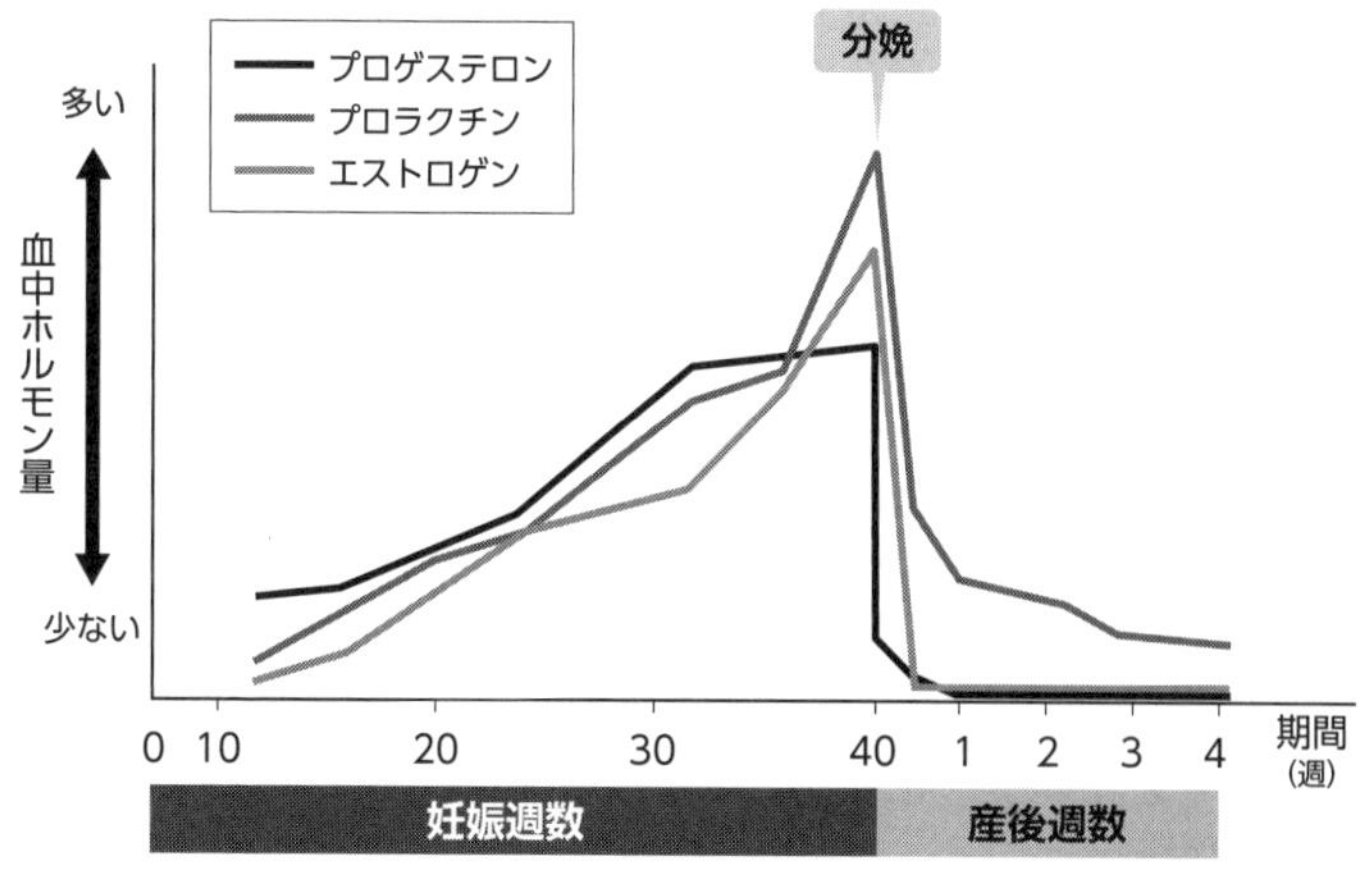

図1-3　産後女性のホルモンバランスの変化

出典：青野敏博『新女性医学大系32 産褥』(2001)

乳腺炎になったり、子宮復古不全でお腹が痛かったり、何より、ホルモンバランスが崩れて精神状態がとても不安定でした。これは私の妻に限ったことではなく、産後の女性に普通に起こります（図1-3）。

この女性ホルモン枯渇状態＋慢性的睡眠不足状態で、昼となく夜となく泣き叫び続ける新生児と対峙するのは、あまりに過酷です。**産褥期（出産後、体が妊娠前の状態に戻るまでの期間）の育児は、私たちのパートナーにとって、人生最大級の危機。**

そんな極限状態の人の目に、仕事から帰ってくるなりスマホをいじりながら「泣いてるよー？」とか「ご飯まだー？」とか言い放ち、家事も育児もろくにしない夫が、どのように映るか。しかもそれは、かつては終生のパートナーと信じた男。これこそ、「ちょっと考えればわかる」こと……。

信頼を築くのには膨大な時間がかかりますが、失うのは一瞬です。私たち男性の側にとっても、間違いなくここは人生の正念場です。自分の、そして家族の幸せのため、家事育児に死力を尽くすことを強く進言致します!!

産後ママの死因トップは「自殺」

女性の**「産後うつ」**の発症リスクがピークに達するのも産褥期です。産後うつは出産した女性の10〜15%が発症するといわれる、とても身近な問題です。

国立成育医療研究センターの調査で、2015〜2016年に妊娠中や産後1年未満に死亡した妊産婦357例を調べたところ、**死因の第1位は「自殺」で102例、うち、産後1年未満の自殺が92例ありました**（図1-4）。

産後うつを引き起こしている原因は、いくつか指摘されています。まず、先にあげた分娩後のホルモン濃度の急激な低下。**そして、睡眠不足です。**

一般的に、1日の平均授乳回数は8回から10回程度と言われています。ママの睡眠は断続的、かつ、自分で全くコントロールできないのがツライところ。すべては、赤ちゃんのご機

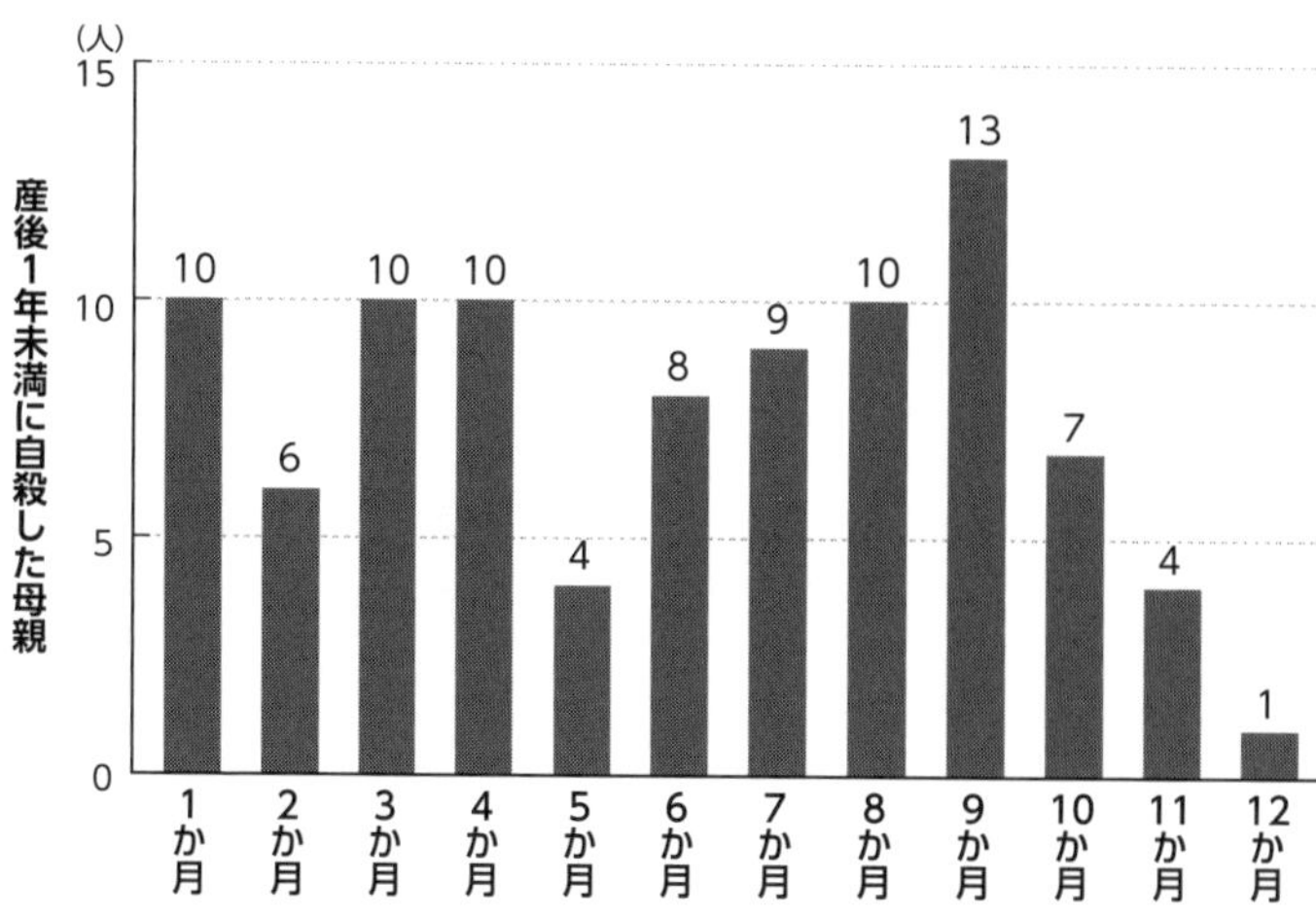

図1-4　妊娠中や産後1年未満の妊産婦の死因第1位は自殺
出典：国立成育医療研究センター（2018）

嫌次第。

もうひとつ、近年指摘されている原因が**「パートナーや家族からのサポートの不足」**です。海外の研究でも**「パートナーが乳児のケアに関与しないことが、母親の産後うつと強く関係している」**と結論付けるものもあります。

生まれて間もない子どもを残して自ら命を絶ってしまう、これがどんなに悲しく、無念なことか……。考えるだけで胸が締め付けられます。

日本の男性育休制度は、世界一ィ！

だからこそ、産後のママに寄り添える男性

育休は、極めて重要です。しかし、この国ではなかなか浸透しません。2019年度実績でたった7・48%……。例えば、スウェーデン、ノルウェーでは約8割、最近まで伸び悩んでいた欧州の育休後進国ドイツも、2019年度に35・8%に達し、過去最高になりました。

「どーせ、欧州の男性育休制度はめっちゃ充実してるんでしょ」と思われるかもしれません。**しかし実は、日本の男性育休制度は、世界一なんです。ユニセフ（国際連合児童基金）が2019年に発表した報告書「家族にやさしい政策」で、名だたる先進国を抑えて堂々の1位を獲得しています。**

評価された理由は、所得のカバー率とその期間です。育休取得に際して、私が一番気になったのもココ。「家族と一緒にいたい……!!」という切実な思いも、生活という圧倒的リアルの前では為す術（すべ）なし。**しかし、日本の育休制度では6カ月にわたり休業開始時の賃金の67%がハローワークから給付されます。**それを過ぎても、12カ月まで50%が給付されます（所得制限あり：賃金月額の上限は44万9700円）。

「え、〝世界一〟っていう割には微妙……。それだとちょっと生活厳しい……」と思いましたよね。でも、ご安心あれ。**実はこの育休取得期間は、健康保険料や厚生年金保険料などの社会保険料が免除されます。**よって、6カ月以内なら収入の8〜9割程度は確保できます！

ちなみに、**私は育休中にお金の不便は全く感じませんでした。**なぜなら、飲みに行く機会

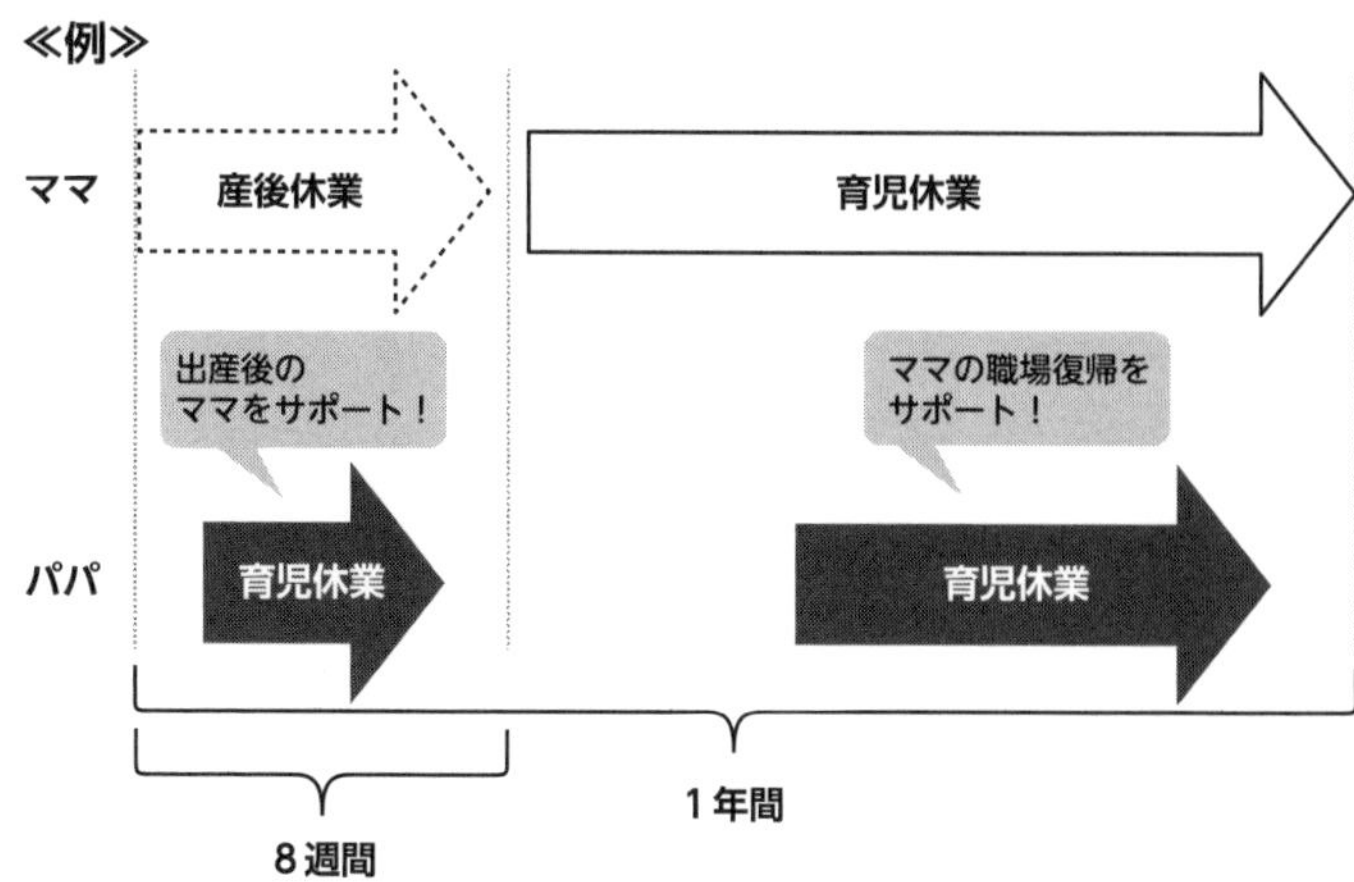

図1-5　パパは2回、育休を取得できる
出典：厚生労働省「パパ・ママ育休プラス」

が激減したからです。本章の冒頭でご紹介した通り、育休中は本当に忙しくて、飲みに行く暇などありません（この期間に普通に飲み歩いていたら、先ほどの愛情曲線は地を這うことになるでしょう）。ある日気になって銀行口座を覗いてみたら、これまで通りやりくりできていて驚きました。

さらに、パパは2回も育休を取得することが可能です。ママの出産後8週間の期間内に、パパが育児休業を取得した場合、再度取得ができるのです。この仕組みを活用して、出産直後のキツイ時期に家族にしっかり寄り添って、ママが職場復帰する際に再度取得、といったこともできます（図1-5）。私は最近までこの仕組みを知りませんでした。活用すればよかった……!!

なお、男性育休は専業主婦家庭でも取得できます。「なんで妻がずっと家にいるのに夫が育休を取る必要があるわけ？」というご意見もあろうかと思います。でも、働いている妻たちだって、産前6週間と産後8週間は「産休」です。この期間の家事育児の量は同じだし、何より、前述した通りママが産後うつにかかるリスクは、働いていようがいまいが変わりません。パパの家族を愛する気持ちだって同じでしょう。「うちは専業主婦家庭だから……」なんて遠慮する理由は、全くありません。こんなにナイスな男性育休なのに、なぜ日本のパパは取得しないのか……!? 実に、実にもったいない!! この日本の現状は、完全に「猫に小判」状態です。ポケモンの世界ではニャースが「おまえら正気かにゃー!?」って言っていると思います（この原因については後述します）。

今、パパの「産休」が熱い

この事態を受けて、政府が動き出そうとしています。男性の「産休」制度の創設です。現在は母親にしか取得が認められていない産休制度の父親版と言える休業制度で、通常の育休よりもさらに給付金を手厚くし、家計の収入減を抑えることも検討しています。遅々として進まないパパの家庭進出に、まずは「産休」で風穴を開けようというわけです。

なお、男女平等が進んでいるイメージのフランスでも、パパの「育休」取得はあまり進んでいないそうです（目下、改革中）。**ところが、２週間の「産休」は７割のパパが取得しています。**「出産有給休暇」が３日間、さらに「子どもの受け入れおよび父親休暇」が11日間で合計２週間です。取得しない３割は時間に融通のきく自営業が中心で、対象を公務員に絞れば取得率は９割に達しています。

この話を妻にしたら**「２週間て。昆虫でも育てるつもりかい」**というツッコミが入りました。しかし先にみた通り、産褥期はママにとって極めてリスクの高い期間です。ママと同じだけの育休取得が難しい場合でも、この産休くらいは万難を排して取得したいところ。

アフリカ発のことわざで**「it takes a village to raise a child」**というものがあります。「子育てをするには、村ひとつ必要」という意味です。そもそも子育てとはお母さんひとりで頑張るものではありません。いわんや、産後のお母さんは心身ともに満身創痍。そんな時、パートナーとして、そばにいるのは必須であります。

本当は、パパだって子育てしたいのに……!!

ここまで書いてきて「そんなこと言われるまでもなく、最初からわかっとるわい！」というパパたちの声が聞こえてきています。そうです。私たちは、心から愛する女性と、子どもをもうけたのです（だいたいの人は）。そばにいたくて当たり前。ツライ時は、支えたくて当然です。

実際、私はママに全力で寄り添おうとするパパたちの姿を、この目で何度もみてきました。私が住んでいる東京のある地域では、「ハローベビー教室」という自治体主催のイベントがあります。初めて子育てをする妊娠中のママとパパを対象としたもので、赤ちゃんのお風呂の入れ方やら抱っこの仕方やらを、助産師さんたちが教えてくれます。

いいイベントですが、イケてない点がひとつ。平日の昼間開催だったのです！　これでは、産休中のママや自由業のパパは参加できても、平日勤めのパパの参加は困難です。幸い、私は子育てに理解ある職場に勤めているので、有休を取って参加することにしましたが、そういう職場ばかりではないでしょう。「ママパパ対象」ってなってるけど、どーせ参加者はほとんどママなんだろうな……。

ところが、当日、ビックリです。参加した12組中11組が両親そろっての参加だったのです。どのパパも真剣に助産師さんの話に聞き入り、熱心にメモを取っています。なんだこれ、めちゃくちゃ頼もしいじゃん。

世間では「日本人男性は、家事も育児もやらなくてダメダメ」なんて言われているけれど、

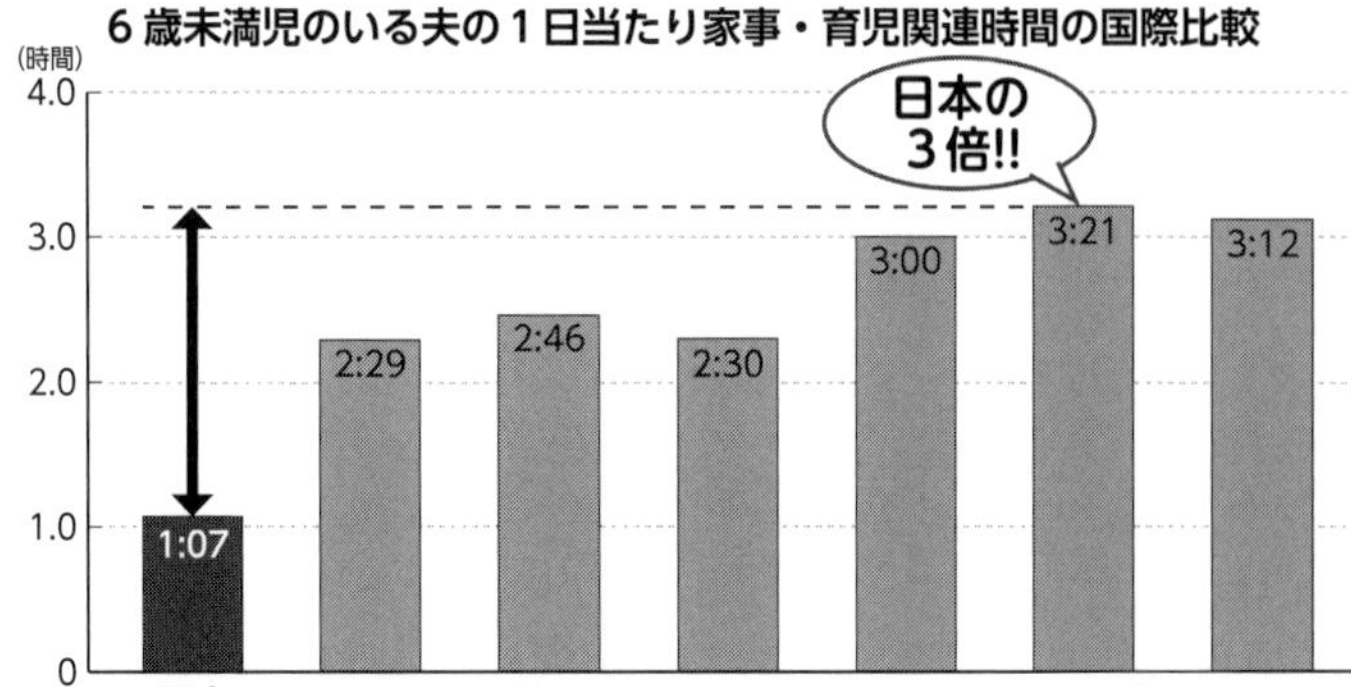

図1-6　日本のパパは、世界的にみて家事育児をやっていない

出典：政府広報オンライン（Eurostat "How Europeans Spend Their Time Everyday Life of Women and Men"(2004), Bureau of Labor Statistics of the U.S. "American Time Use Survey" (2013) 及び総務省「社会生活基本調査」（平成23年）より作成）

※日本の数値は、「夫婦と子どもの世帯」に限定した夫の「家事」「介護・看護」「育児」及び「買い物」の合計時間

それはもう昭和平成の昔話になったのでは？　令和の日本人男性はむしろ、他の先進国のパパたちに引けを取らないくらい、家事育児を普通にこなしているのでは？　イベントに参加して、そう感じました。

ところが！　プロローグでも触れた通り、日本人男性は他の先進国の男性と比較すると、突出して家事育児をやっていません。６歳未満児のいる家庭のパパの平均的な家事育児時間は１日あたり１時間７分。これに対し、トップのスウェーデンのパパは３時間21分で、その差は２時間以上です（図1-6）。

また、総務省「社会生活基本調査」によれば、**子どものいる世帯の家事時間は妻が夫の2・8〜3・6倍、育児時間は2・1〜2・7倍となっています。**

うーん、これはいったいどういうわけなのか。簡単ではなかったろうに、有休を取得してまで「ハローベビー教室」に前のめりに参加していたパパたちは、家に帰った瞬間に亭主関白に豹変(ひょうへん)して、ママに家事育児の負担を押し付けているのだろうか。なんだかそれはちょっと想像しづらい……。現実に見た光景とデータが示すギャップに、モヤモヤしていました。

そこで、私は思いました。ひょっとして、**日本の男たちは家事育児を「しない」のではなく家事育児が「したくてもできない」のではないか……？**

今度は「何をふざけたことを……!!」というママたちの声が聞こえます（冷汗）。でも、根拠はちゃんとあるんです（もちろん、できるのにやらない夫も大勢いるとは思いますけど）。

実は、日本人男性は、外で働きすぎているために家事育児をする時間がないのです。日本人男性の1日の平均有償労働時間は、先進国の中でぶっちぎりトップの452分となっており、スウェーデン人男性との差は139分！　つまり2時間19分！　まさに、先ほどみた日本人男性とスウェーデン人男性との家事育児の差そのものです（**図1-7**）。

家事育児等を含む無償労働（お金が支払われない労働のこと。家事労働がその典型）も含めた総労働時間では、スウェーデン、カナダも日本並みに長いのですが、**日本は有償労働の男女差が180分と大きく開いているのが特徴です。**これは未だ日本人女性の就業者に占める非正規雇用者の割合が56％と多いことが影響しています。

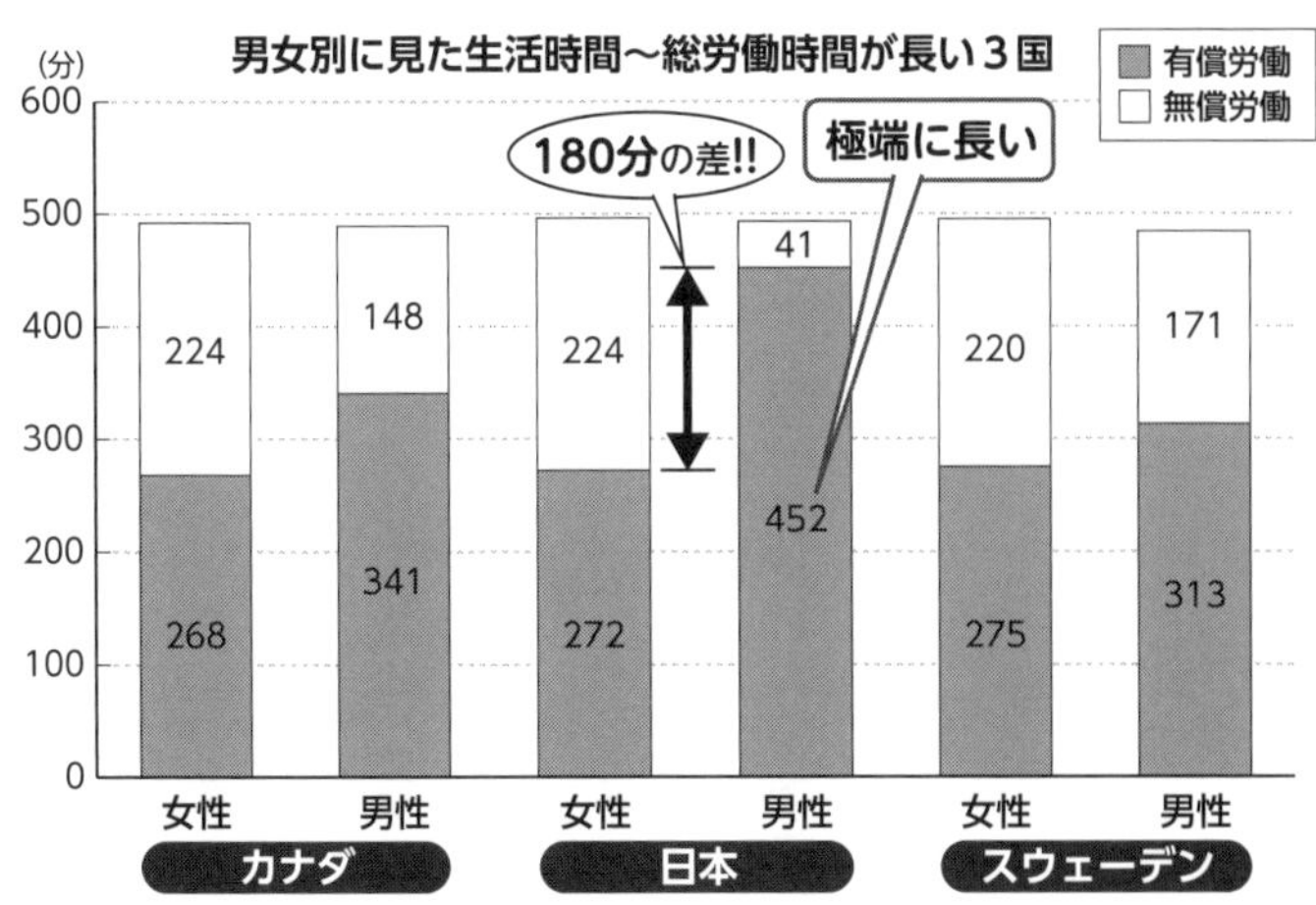

図1-7　日本のパパは、世界的にみて働きすぎ
出典：OECD「Balancing paid work, unpaid work and leisure」(2020)

しかし、このような状況の中でも、日本のパパたちは健気に変わろうとしています！

実際、２００８年の頃と比較すると、就労時間にまったく変化がないにもかかわらず、家事育児をする時間が増えています！　超微妙にだけど……!!（図１-８）

このデータが、今の日本の実情をよく表しています。日本のパパたちは、救いようのないダメダメな存在では断じてないのです。むしろ、今の現実の中で、少しでも家事育児にコミットしようという前のめりな姿勢を見出すことができます。……目を凝らせば!!

深刻化するパパの「産後」うつ

就労時間の長さにおいて、先進国の男性の

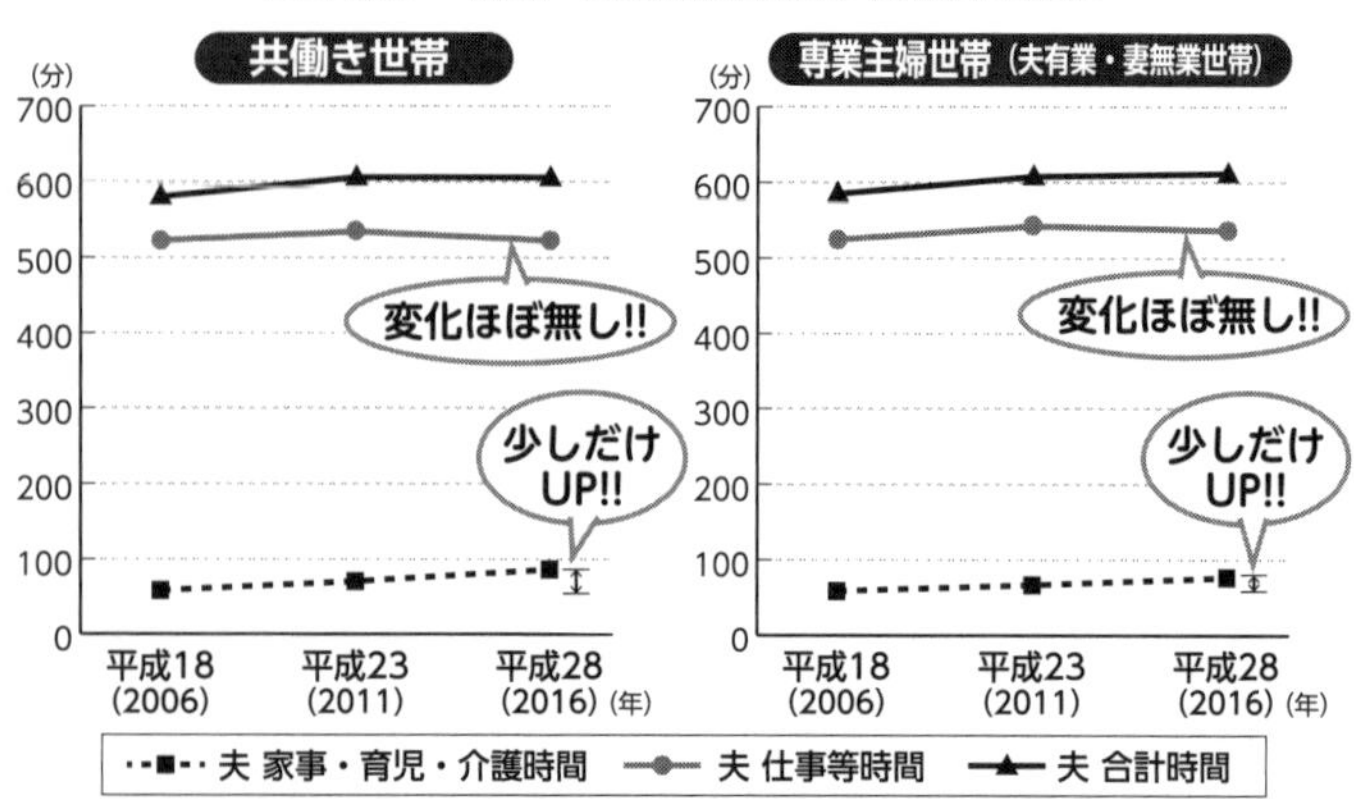

図1-8　日本のパパは、わずかに家事育児時間を増やしている

出典：総務省「社会生活基本調査」
※6歳未満の子を持つ夫婦（週全体平均）／共働きか否か別、平成18年〜平成28年

中で、他の追随を許さずにトップをひた走る日本。変化の兆候は、ほとんどみられません。しかし、昨今は「パパだって家事も育児もやって当たり前！」と言われます。そして、それはその通り。だからこそ、パパたちも必死に頑張っているのです（ちなみに、ママたちも、家事育児の量はほとんど変わっていないのに、「ママだってバリバリ働くべき！」と言われている……）。

でも、この頑張りに、限界がきています。パパの〝産後〟うつが、広がっているのです。イギリスなどの学術誌によると、急激な生活リズムの変化や仕事と育児のプレッシャーにより、**子どもの誕生後1年以内に10〜11人に1人の父親が「産後」うつになるリスクがあります。**産後うつは、もはやママだけのものではありません。

男性は、子どもが生まれたら周囲から大抵、こう言われます。「おめでとう！　いよいよ**パパだね！　これからは、もっと頑張って働かないと！**」。実際、私も同僚にこう声をかけたことが何度もあります。

もちろん、この祝いの言葉に悪意なんか1ミリだってありません。実際のところ、育児にはお金が必要なので、頑張って働かないといけないのです。家族を、子どもを、守らないといけないのです。

だから、子どもが生まれても、多くのパパは仕事のペースを落としません。子どもの保育園のお迎えがあっても、夜泣きがどんなにひどくても、家事育児の分量が増えても、職場で弱音は吐かないし、ふるまいは決して変えません、いや、変えることができません。だって、そんなことしたら、昇進の妨げになってしまうかもしれない。「男らしくない」と思われてしまうかもしれない……。

第二章で詳述しますが、こういう旧態依然とした「男らしさ」というステレオタイプが、パパやその家族だけでなく、日本社会そのものを蝕（むしば）んでいます。パパだろうがママだろうが、普通の人間です。**子どもが生まれたからといって、1日の時間が長くなるわけではないのです。娘を育てながら働いている今、はっきり断言できます。子どもができたなら、そして、**

家事育児にコミットしたなら、これまでと同じペースで働くなんて、絶対にムリです。いかに仕事の効率を高めるかの勝負になってくるのですが、現在の日本社会では、こんな当たり前のことが共有されていない気がします。

巷には**「私は家事育児もやってるけど、仕事のペースも全く落とさずにバッチリできました★」**というスーパーマンやスーパーウーマンの成功譚が溢れかえっていますよね。それはもちろんスバラシイことですが、私は今、普通の人間の話をしているのです。

夜泣きがひどく、しょっちゅう熱を出す娘の育児に時間と体力を取られ、仕事で思い通りのパフォーマンスを出せない日があります。正直、「ツライ！」と思うことが度々あります。私も従来の「男らしさ」から完全に自由になれていないのかもしれません。それでも今、心身ともに健康に働いていられるのは、職場のみんなのおかげです。

私は、月に何度もこんな類のメッセージを同僚に出しています。

「本当にごめんなさい……。娘が熱を出してしまって、保育園に迎えに行かないといけなくて（涙）。次の会議、欠席させてください」

すると、私の仲間は決まってこういう返信をくれます。

「了解。謝ることないよ！　議事録取って後で共有するから、安心して行ってきて」

子育ては、男女関係なくコミットして当たり前。キツいことがあって当たり前。だから、

仕事もこれまで通りできなくなって当たり前！ この認識を共有してくれている仲間たちの、なんとありがたいことか。これからの時代、「男らしくあれ！ 歯を食いしばって仕事も家事も育児も頑張れ！」という無責任な叱咤激励より、ダメな時は「もうダメです……!!」と、弱さを伝え合える関係性の方が、大切だと思います。

今は、人生100年時代。男女ともに、もはや30代は〝働き盛り〟じゃなくてもいいのかもしれない。だって、小さい子どもがいたら、とてもじゃないけど、働き盛れないもん。個人的には、**〝生き盛り〟**とかの方がしっくりきます。

新たな働き盛りは、子どもの手がある程度離れる人の多い50代あたりでしょうか。ここからなら、アクセルベタ踏みフルスロットルで働けそうな気がします。今より遥かに社会の理解も深まっているだろうし、できることも多そう！ まあ、体力的に無理になっているかもしれませんけども。今からちゃんと運動して、新たな働き盛りに備えておかねば……！

「キミィ！　仕事をなんだと思っているのかね！」

実は、日本の男性たちはすでに「このままではイヤだ！」と思っています。仕事だけでなく、もっと家事育児にコミットしたいのです。それは、男性育休に対する考え方によく表れています。内閣府が2015年に行った「少子化社会に関する国際意識調査報告書」によれば、パパの3割が「直近の配偶者・パートナーの出産時に1カ月以上の育児休業を取りたかった」と回答しています。男性の新卒社員に限っていえば、約8割が育休取得を希望しており、これは過去最高を更新しています（図1-9）。

しかし、これまで見てきた通り、遅々としてパパの育休取得が進まないのは、パパではなく、企業の考え方が変わっていないからなのです!! そのことがよ〜くわかるデータが、三菱UFJリサーチ&コンサルティングの調査報告書です。

図1-10の「男性社員が育休を取得しなかった理由」上位3つを並べてみると、こんな感じです。①業務が繁忙で職場の人手が不足していた。②会社で育児休業制度が整備されていなかった。③職場が育児休業を取得しづらい雰囲気だった。

ふむふむ。要は、**全部職場の問題ってことです。** さもありなん。私たち男性にとって職場の空気や制度に抗(あらが)うことは、とても大きな代償を伴う（と感じる）ものです。

もちろん、それは男性に限ってのことではありません。でも、私もかつて「24時間戦えますか」的就業スタイルの民間企業で働いていたので、痛いほどわかるのです（若い人は知らないと思われますが、「24時間戦えますか」は1988年放送開始の三共の栄養ドリンク「リゲイン」のCMソング「勇気のしるし〜リゲインのテーマ〜」のサビ。CDは60万枚を超えるヒットを

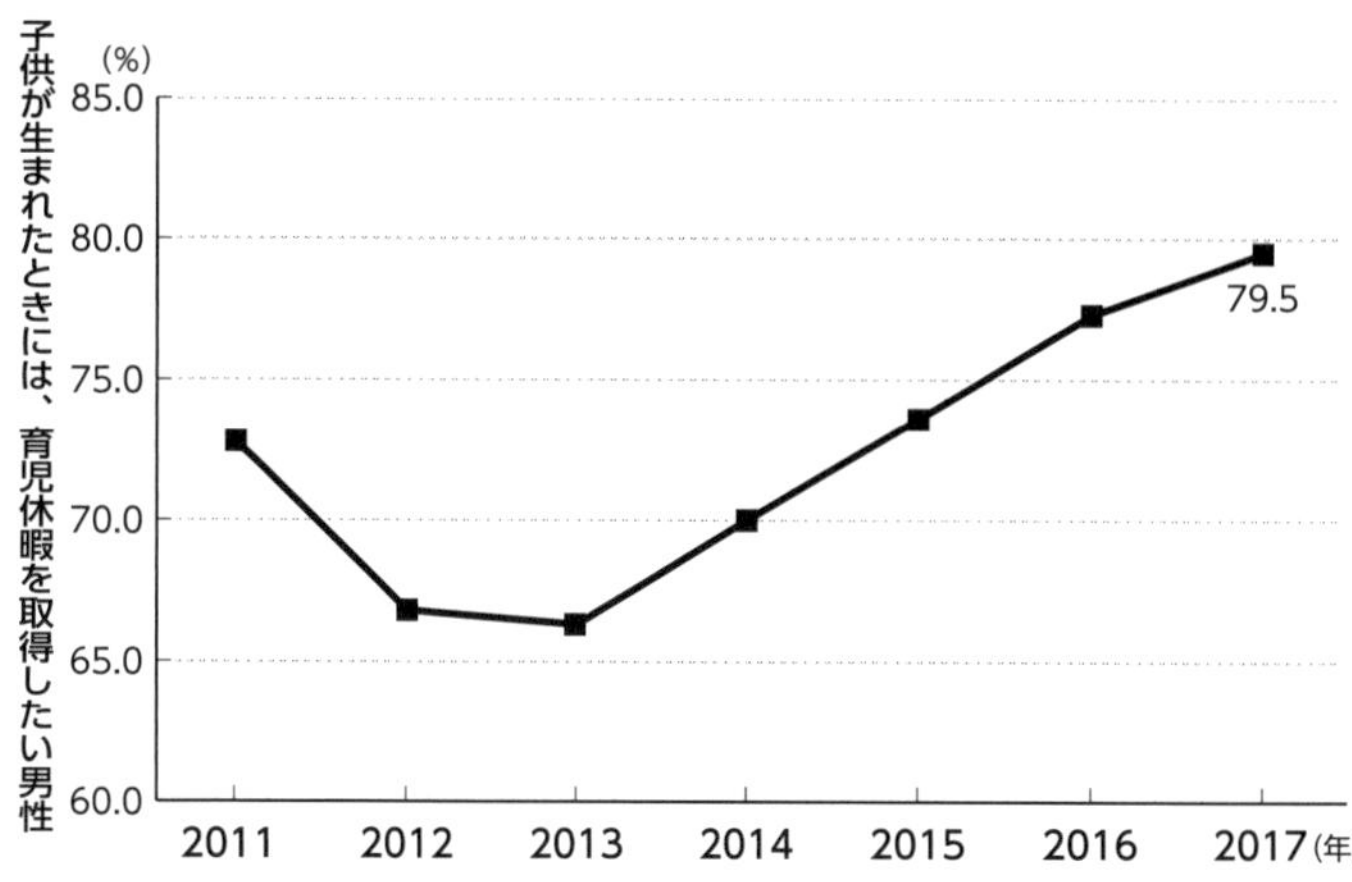

図1-9　男性の新卒社員の約8割は育休取得を希望
出典：公益財団法人日本生産性本部「2017年度 新入社員 秋の意識調査」

記録し、バブル経済の象徴とされるフレーズに)。ほんのわずかでも、組織の規範から外れた行動を取る時の恐怖を。だって、このせいで査定が下がったら、出世レースからは外れるし、給料は下がるし、妻の信頼を失うかもしれない。そんな不安が、頭をもたげます。

でもこれ、そもそも①と②は誤解です。まず、①の「人手不足」ですが、男性社員が「出生後8週間以内に開始する連続14日以上の育休を取得」した場合、あるいは「男性社員が育休を取得しやすい職場風土づくり」をした場合など、一定の条件をクリアした企業は**「両立支援等助成金」**を受けることができます。また、育休中の社員の所得は失業保険の積立金から出ているので、会社は1円も負担していません。**つまり、男性が育休を取得**

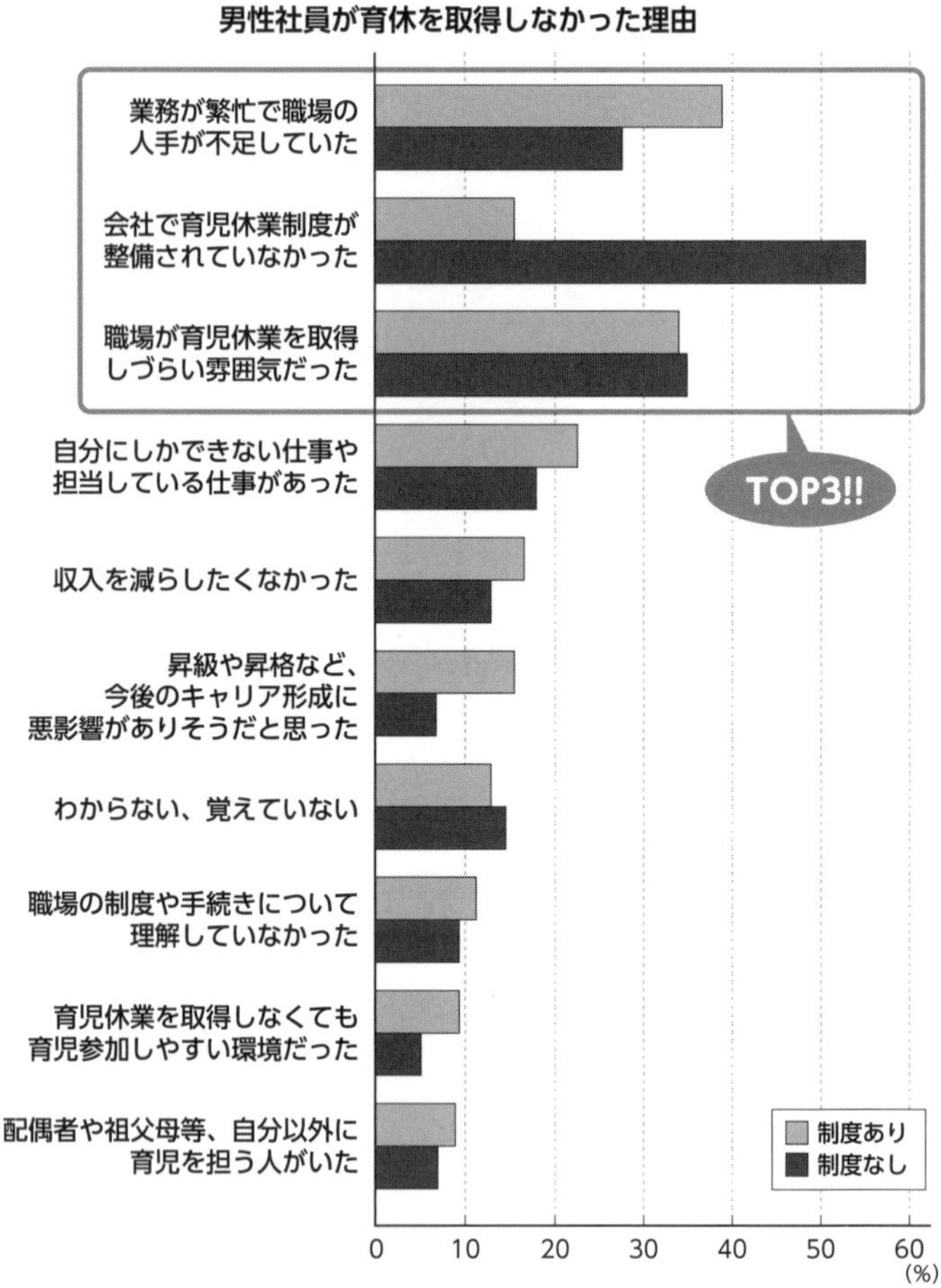

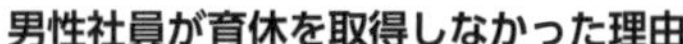

図1-10　男性の育休取得を阻む職場環境

三菱UFJリサーチ＆コンサルティング「平成29年度 仕事と育児の両立に関する実態把握のための調査研究事業報告書」より、筆者編集

すると、会社の収支的にはプラスになります。人手が不足してヤバイなら、このお金で業務のアウトソースをするなり、人を雇うなりすればいいのです。

「急に言われても人事が対応できない！」というリアクションもよく聞きますが、これもおかしいです。だって、**出産は何カ月も前からわかっていることです。**それに対応できないって、いくらなんでも経営的にヤバすぎませんか……？　そんなことを言っている企業は、組織のあり方を根本から見直された方がいいと思います。

次に②の「育児休業制度がない」です。これは会社の**「就業規則」**のことを言っているのだと思います。しかし、育休とは**「法律」**で定められているものです。条件を満たした人が申請すれば、雇用側がそれを拒むことはできません（育児・介護休業法第6条）。

とはいえ、わかりますよ。「就業規則になくても、法律なんだから取得させてください！」なんて言うのは難しいってこと……。これは結局、③の「職場の育休を取りづらい雰囲気」に繋(つな)がります。

「キミィ！　仕事をなんだと思っているのかね！」。こんなニュアンスのことを、かつて私も何度言われたことか。「あなたこそ！　私の家族をなんだと思っているのかね！」と脳内では思ってますが、それを実際に口から出せないのが勤め人の辛いところです。これが、先に述べたパパの産後うつの原因の一つ……、どころか、根幹な気がしてなりません。

男性新卒の8割が育休取得を希望する令和にあって、こんな昭和な価値観を炸裂させている企業は早晩立ち行かなくなると思うのですが、私たちにはそれを待っている余裕はありません。この事態、どうすれば打開できるのだ……!?

育児休業　みんなで取れば　怖くない

東京大学の山口慎太郎准教授の『「家族の幸せ」の経済学～データ分析でわかった結婚、出産、子育ての真実』（光文社新書）に、すっごいヒントがありました。**曰く『育休パパの勇気は「伝染」する』**です。

先ほど、パパの育休取得率が約8割と紹介したノルウェーですが、意外にも、当初は日本と同様に、パパの育休取得は全然進みませんでした。1993年時点では、わずか3%です。ノルウェー政府はこの理由を検証し、1995年の政府白書でこう結論しています。

「父親たちは、会社や同僚から仕事に専念していないと見られることを心配しており、職場のこれまでのやり方と違ったことをすることに対する不安を抱いている」

個人主義が浸透した欧米社会でも、この辺りの感覚は完全に私たちと同じじっぽいですね。この状態からわずか十数年で、どのようにパパの育休が普及したのか？　それは、一握りのパパたちが勇気を持って、育休を取得したからです。先述の政府白書によれば、**育休を取得したパパが同僚、あるいは兄弟にいた人たちは、そうでないパパたちよりも育休取得率が11～15%ポイントも上昇しました。さらに、上司が育休を活用したパパたちは、同僚が取得したパパたちよりも、2・5倍も多く育休を取得していることがわかりました。**

上司が率先垂範をしてくれた時、「俺もやっていいんだ！」という安心感に繋がるようです。まさに「やってみせ、言って聞かせて、させてみせ、ほめてやらねば、人は動かじ」（山本五十六）であります。

つまり、私たちが男性育休を普及させるには、まず勇気あるパパの行動を後押しする社会の空気をつくる必要があります。どんな小さなことでもいいんです。同僚で育休取得を悩んでいる人がいたら「安心して頑張ってきなよ」と声をかけるとか、ＳＮＳで「育休取得したった……!!」というコメントを見つけたら全力で「いいね」しまくるとか！

２０２０年には、小泉進次郎環境大臣（２０２１年4月現在）が育休を取得しました。賛否両論ありましたが、私はこの国の空気を変えるうえで、とても大切なアクションだったと思っています。普段は政府の政策にブースカ言う機会が多い私ですが、この時ばかりは「さすが、俺たちの進次郎さんやで！」とTwitterで騒ぎ立てていました。

もし、この本を読んでくださっているあなたが、これから子どもが生まれる「プレパパ」

だとしたら、ぜひあなた自身が「勇気あるパパ」になってほしいです。とても悩ましいと思います。苦しい決断かもしれません。でも、あなたの人生にとって本当に大切なものは何か、ちょっと深呼吸して考えていただきたいのです。

なんだかんだいっても、会社に私たちの代わりはいくらでもいます。でも、ここまで本章でみてきた通り、家庭には、今、この瞬間に、あなたにしかできないことが山のようにあるのだから。

令和を、男性の家庭進出の時代にしよう

そうは言っても、「それができたら苦労しないよ」と思う方もいますよね。その気持ちは、よくわかります。**けど、今私たちの目の前にある育休取得の選択肢、そしてそれを後押しし**

てくれる社会の空気は、かつて存在すらしていませんでした。私たちは、そこに思いを致す必要があります。それは、先輩方の「苦労」どころではない、まさに血の滲むような積年の努力が結実したものだから。

ほんの十数年前は、「24時間戦えますか」の時代でした。パパは仕事（というより会社）に100%コミットするのが大前提、子育てのために仕事を休むなんて、まずありえませんでした。仕事を終えて帰宅するのは深夜で、子どもはとっくに寝ています。まともに会話もできません。とにかく、男は仕事一筋！　それが〝普通〟だったんです。

現在の日本社会は、当時と比べれば、遥かに生きやすくなっています。少なくとも、私個人はそう感じています。そうなった理由は、「時代の流れ」なんてフワッとしたものでは断じてありません。社会から排除され続けた女性の悲しみ、家族との時間を大切にできなかった男性の悔恨、そういった何十年にも及ぶ先輩方の積年の思いと行動が、「時代を動かした」のです。

第五章で詳述しますが、現在私は仲間とともに、子どもの安全を守るための新しい法制度を国に導入してもらうべく、国会議員や官僚、地方議員、有識者、そしてメディアと連携しながら活動しています。そんな大袈裟なことを提案しているわけではないのに、実現への道のりは険しく困難です。複雑な法体系、「暖簾（のれん）に腕押し」状態の関係各位の説得、周囲からの誹謗中傷の数々……。社会を変えるのに必要なエネルギーは、並大抵ではないと痛感しています。

いわんや、社会の常識や考え方を変えるなんて。正直、想像を絶するものがあります。でも、それを歯を食いしばってやり抜いてくれた先輩方がいました。だから、今私たちの目の前に「男性育休」という選択肢があります。

そんな先輩方が残してくれたレガシーを、放棄するのか、勇気を出して活用し、次世代に繋ぐのか。それは私たち次第です。

平成は、女性の社会進出の時代でした。令和は、男性の家庭進出の時代にしませんか。

コラム 01

夫婦で家事育児を5：5で分担するのは、〝平等〟ですか？

さて、ここまで一方的に私の視点で話をしてしまったので、ここで、妻の率直な意見を聞いてみたいと思います。ちなみに私の妻は、人材系の大手企業でがっつりフルタイムで働くワーママであります。では奥さん、よろしくお願い致します！

妻：はーい。

私：早速ですが、今の夫婦の家事分担について、率直にどう感じていますか？

妻：そうですね。育休の最初の頃は、本当にどうなることかと思いましたけど、最近は夫婦でフェアにやれていると感じています。本章の中にあった「見えない家事」の存在を認識してくれてから、変わったよね。あの頃は「見える家事」だけやってはドヤってしてたもの。

私：……まあ、でも、今は特に不満はないってことですね！　それは何よりです。

妻：ないわけじゃぁ、ないですけどね。例えば、「見えない家事」ならぬ「見えないカビ」問題はまだ解決されていません。お風呂とか、水回りを掃除してくれる時に、どう見てもカビが残っているのに、放置されていることが多いです。そうなると、結局私がやらないといけなくなります。

私：……きっと、心の清い人にしか見えないカビなんですよ……。

妻：それでも、ずいぶん改善してくれたと思います。でも、もう少し話し合った方がいいと思うこともあります。

私：と、申しますと？

妻：**そもそも、夫婦で分担する家事育児の量が5：5というのは、平等と言えるのでしょうか。**

私：なんですって……？

妻：出産直後は特にそうだけど、それ以後も、女性には男性にはない体調不良の期間が長く、しかも定期的にあるのです。それなのに、量的に5：5であることがフェアかと言われると、それはちょっと違うと思う時があります。

私：なるほど。**「客観的」**ではなく、**「主観的」**な5：5こそ大切だと。例えば、同じ「皿洗い」でも、体調の悪い時の奥さんと、ピンピンしてる時の私とでは、負担感が全然違います。確かに、そういう状況ではピンピンしている方が多くやった方がフェアと言えそう。その時のパートナーの体調や忙しさを加味せず、何がなんでも同じ量だけ家事育児をしろ、というのは違う気がしますね。

妻：そうでしょ。それなのに、こうくん（著者）はこの前、お風呂から上がった時に、まだ食器が洗えてないって、文句をおっしゃっていましたよね？

私：え⁉　だってそれは。僕が娘とお風呂に入っていたんだから、その間に食器を洗う時間くらいあるだろうと……。

妻：あの時は月末でとても忙しかったのです。すぐに返信しないといけないメールが来ていました。そういう状況を勘案せず、食器くらい洗ってよ、というのは、少々狭量ではないでしょうか。私は、普段だったらそれくらいやっていますよね。

私：それはもちろんです！　ただ、あの時はスマホでぽちぽちやってたから、てっきりネットサーフィンでもしてるのかと思いまして……。

妻：仕事だと説明しても、しばらく不機嫌そうな顔してましたけどね。

私：……おっほん。しかし、このトピックしかり、夫婦の〝フェア〟な家事育児というのは、深遠な問いだなあ。考えてみると、世間の共働き夫婦には、大きく二つの主義がありそうです。一つは、客観性を大事にする主義。このタイプは、家事育児タスクを書き出して見える化し、さらに、明確に役割分担しています。**見える化主義**、と名付けましょう。見える化主義のメリットは、なんといっても、夫婦で役割分担に関する不平不満が出にくいこと。なにせ、お互いに何をすべきか、合意しているわけですから。パパ友の話を聞くと、結構このパターンが多い気がします。

妻：（別に、名付けなくていいと思うけど……）

私：一方で、自分やパートナーがその家事育児に対してどれくらいの負担をその時に感じているのか、そういう主観性を大事にする主義があります。私たちもこのタイプですね。こっちは、明確な役割分担はあえて行わず、互いの主体性を信じて日々の家事育児をこなしています。**主体性主義**、と名付けましょう。アダム・スミスの「神の見えざる手」のごとく、二人の信頼関係が、その時々で自動的に互いの適切な家事育児の量を決めていく、というね。

妻：（また、不必要なたとえ話を引っ張り出してきた……）

私：主体性主義は、うまくいっている時は、お互いに納得感を持って生活できます。ただ、先ほどの「突発的な仕事のメール事件」のように、「これは自分がカバーすべきことなのか？」という疑念が生じると、たちまち争いになります。うまく運用するのが難しいですよね。我が家もいったい、何回この話で喧嘩になったことか。

妻：だからこそ、お互いにどんなことをしているか、今どんな状況なのか、密にコミュニケーションを取る必要があるよね。ライフステージが変われば、できることも変わるし、日々のチューニングが欠かせないかも。

私：本当に、そうなんですよね。一長一短だな。

妻：正解はないですよね。それぞれの夫婦によって、何がいいかは違うはず。でも、私は今のままでいいと思ってます。うちは共働きで、お互いに融通を利かせないといけないことが多いし、何より、夫婦でズボラなところがあるから、明確に役割分担を決めてもキチッと守れなさそうだし……。

私：それは、そうですね。うちの場合は、見える化主義にしたら、余計に喧嘩が増える未来がハッキリ見えます。我らがチームには、主体性主義が合っているのかもしれない。これからもひとつ、夫婦で話し合いを重ねて、頑張って参りましょう！

妻：ですな。頑張って参りましょう！

私：でも、メールなんて、いつでも返信できる気がするけどな……（ボソッ）。

妻：それは、後でじっくり話しましょう（ニッコリ）。

私：……。

第二章

〝伝統的家族〟の呪いが、少子化をつくりだす

ある週末のことです。妻の友人が生まれたばかりの赤ちゃんを連れて、家に遊びに来てくれました。妻と友人はお互いに赤ちゃんを抱えたまま、リビングで話し込んでいます。私は根暗な性格なので、二人にお茶を出したり、台所で食器を洗ったりしながら、二人の会話にひっそりと耳を傾けていました。

そして、話題が仕事に及んだ時の友人の言葉を、私は忘れられません。

「今の職場だと定時に帰るのは無理だし、フルタイムで復帰なんてできないよね。だから、今の会社でキャリアを積むのは難しいだろうな。保育園のお迎えの時間があるし。夫は色々やってはくれるけど、平日は仕事で帰りが遅いから、しょうがないよね。**これまでたくさん頑張ってきたけど……私は、お母さんなんだから**」

妻は友人の話に聞き入り、私は黙って食器を洗い続けていました。

九州と四国の人口分が消滅する、2035年の日本

日本の少子化が、止まりません。2019年、日本人の国内出生数は86・5万人となり、

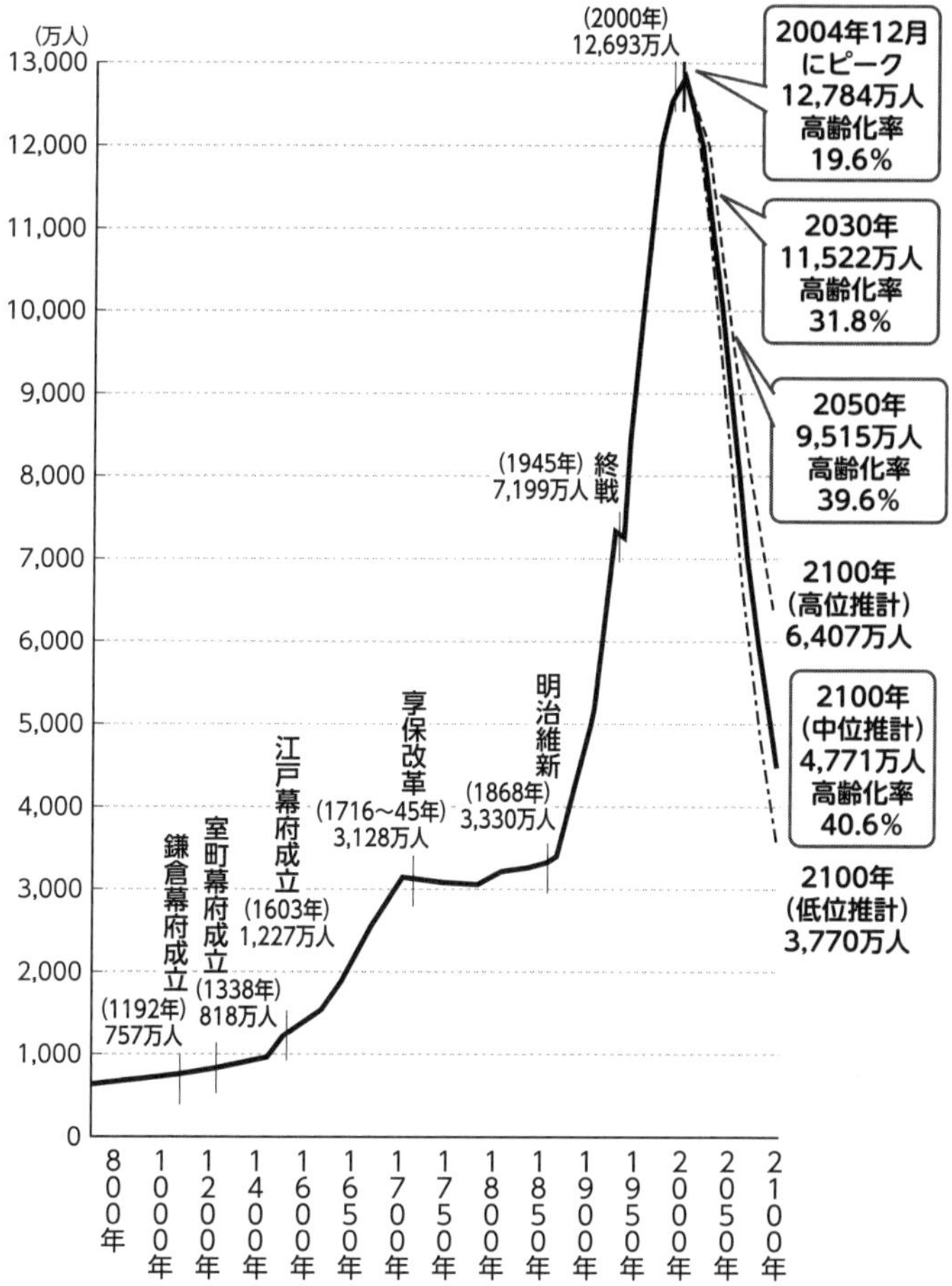

(万人)
13,000
12,000
11,000
10,000
9,000
8,000
7,000
6,000
5,000
4,000
3,000
2,000
1,000
0

(2000年)
12,693万人

2004年12月
にピーク
12,784万人
高齢化率
19.6%

2030年
11,522万人
高齢化率
31.8%

2050年
9,515万人
高齢化率
39.6%

2100年
(高位推計)
6,407万人

2100年
(中位推計)
4,771万人
高齢化率
40.6%

2100年
(低位推計)
3,770万人

(1945年) 終戦
7,199万人

明治維新
(1868年)
3,330万人

享保改革
(1716～45年)
3,128万人

江戸幕府成立
(1603年)
1,227万人

室町幕府成立
(1338年)
818万人

鎌倉幕府成立
(1192年)
757万人

800年
1000年
1200年
1400年
1600年
1650年
1700年
1750年
1800年
1850年
1900年
1950年
2000年
2050年
2100年

図2-1　日本の人口は減少が加速

出典：国土審議会政策部会 長期展望委員会『「国土の長期展望」中間とりまとめ（平成23年2月21日）』より

1899年の統計開始以来、初めて90万人を割りました。合計特殊出生率（1人の女性が出産可能とされる15歳から49歳までに産む子どもの数の平均値）は、1・36です。2018年の1・42から0・06ポイント悪化しました。

このペースだと、2035年には九州と四国の人口分がそっくり消滅します。この10年の人口減少は400万人ですが、これからの10年では800万人減り、その後の10年では1000万人近く減ります。前ページの**図2-1**で平安時代からの日本の人口推移をみてみると、その異常さが際立ちます。まるで、ジェットコースターです。

この状況を打開すべく、政府は少子化対策に力を注いできました。2020年まで続いた安倍政権が喧伝していた**「すべての女性が輝く社会づくり」**もその一環です。しかし、日本の少子化に改善の兆しは、全くみえません。「3年間抱っこし放題」を実現する育児休業の拡充とか、**「3歳からの幼保無償化」**とか、たくさんやったのに、いったいなぜ!? 政治家の中には、頭を抱えている方もいらっしゃると思います。

男女の不平等が、少子化の根源

でも、私は、その答えを知っています。たくさん聞いてきた、というべきか。それは、冒頭の妻と友人の会話に集約されています。出産育児の負担が、女性に偏りすぎているのです。**つまりは、この国の男女不平等、いわゆる、ジェンダーギャップがひどすぎる。**女性のキャリアの機会損失が大きすぎるともいえます。

ジェンダーとは、「社会的な性差」のことで、生物学的な性差である「セックス」と対比して使われます。わかりやすいのは、妊娠・出産・育児でしょう。妊娠出産は女性にしかできませんが、育児は男性にだってできます。でも、なぜか社会がその仕事を女性にばかり押し付けている現状があります。こうした、性別に基づいて社会が与える枠組みを「ジェンダー規範」と言います。

世界経済フォーラムは「Global Gender Gap Report 2021」の中で、各国における男女格差を測る**ジェンダーギャップ指数**を公表しています。この指数は、経済、政治、教育、健康の4つの分野のデータから作成され、0が完全不平等、1が完全平等を表します。**2021年の日本の総合スコアは0・656、順位は156カ国中120位でした。**過去最低だった2020年の121位からわずかに1つ順位を上げましたが、主要7カ国（G7）では変わらず最下位です。**お隣の中国（107位）や韓国（102位）はもとより、アラブ首長国連邦（72位）より下です。**

「いやいや、俺たちだって頑張ってるんだし、さすがにそんなに下ってことはなくね!?」という男たちの疑問の声が聞こえてきます。確かに、私たち日本男児は頑張っています。数年前と比べれば、状況は間違いなく改善されていると思います。でも、このジェンダーギャップ指数は、相対評価です。他の国の方がもっと深刻な危機感をもって、真剣に取り組んでいるのです。

そして実は、このジェンダーギャップ指数と合計特殊出生率の間には相関関係があります（図2-2）。**男女平等な社会ほど、女性が安心して子どもを産めるのです**（ただし、先進国に限った現象）。

日本社会に深く巣食うジェンダーギャップを撃滅しない限り、いくら〝少子化対策〟を講じたところで効果を発揮しません。私たちが考えるべきは「どうしたら子どもが増えるか」ではありません。そんなこと（と、あえて言いますが）より**「どうしたら女性に対する不当な差別を社会から一掃することができるか」**です。それを達成して初めて、私たちは少子化について正面から考えるステージに立てるのではないでしょうか。

女性の社会進出が進むと、少子化が加速する!?

こういう話をすると必ずくる反論があります。**「女性の就業率が上がると出生率は下がる**

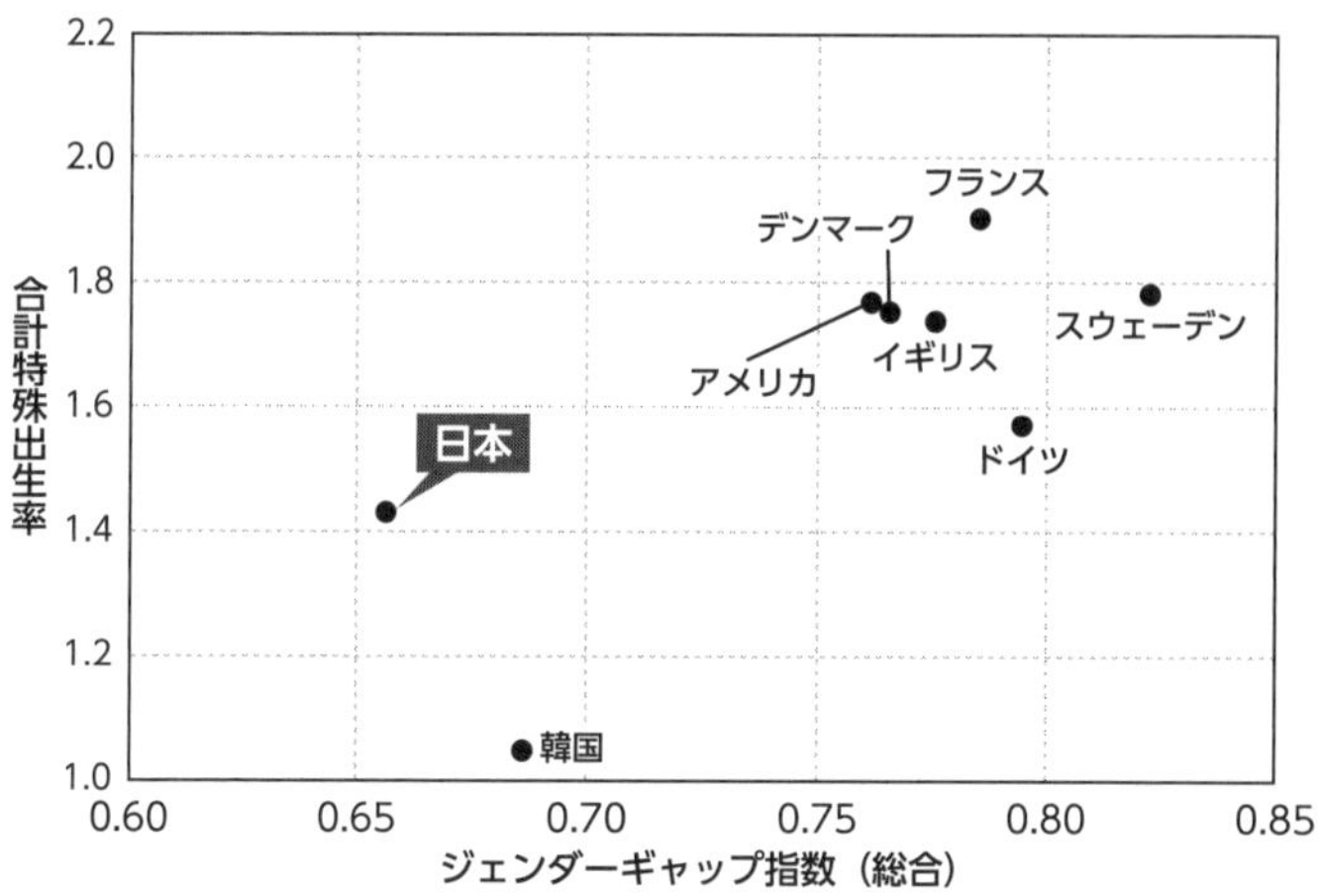

図2-2　ジェンダーギャップが改善すると出生率が上がる

出典：世界経済フォーラム「Global Gender Gap Report 2021」

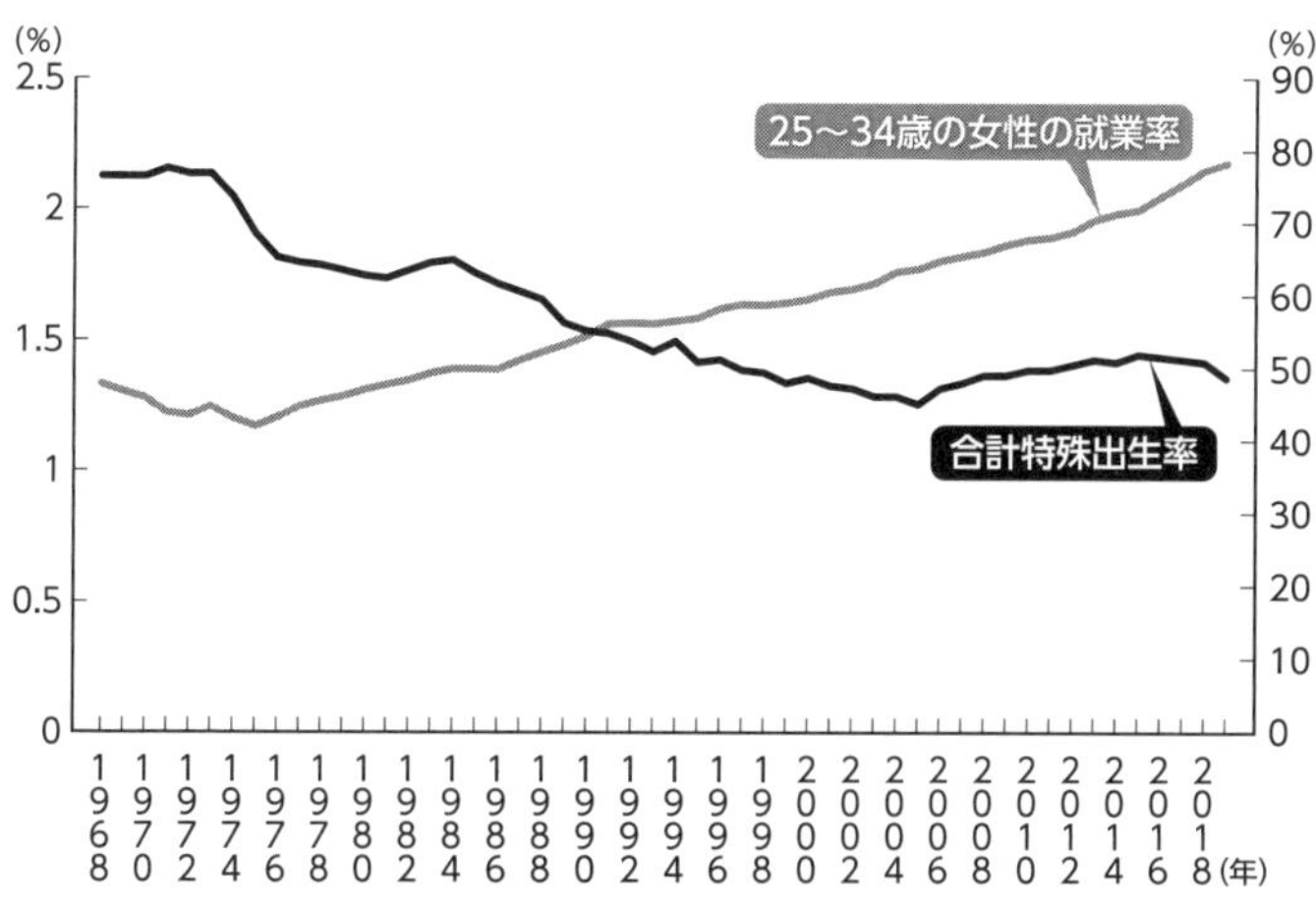

図2-3　日本では、女性の就業率が上がると出生率が下がる

厚生労働省「人口動態統計」（2019）、総務省統計局資料より筆者作成

でしょ！」というやつです。女性の就業率を改善すると、女性が仕事にかまけて子どもを産まなくなるから、少子化には悪影響である、と。確かに、統計データを見ると、平均初婚年齢周辺の25～34歳の女性の就業率が上がるほど出生率が下がっています（図２－３）。

ところが、先進諸国に視野を広げてみると、女性の就労と合計特殊出生率の間には、正の相関があることがわかります（図２－４）。女性の社会進出が進むほど、合計特殊出生率は改善しているのです。なお、この相関関係は福祉国家論の巨人、イエスタ・エスピン＝アンデルセン教授も指摘しています。

でも、どうしてこんなチグハグなことが起こっているのでしょう。なぜ世界で通用することが、日本では通用しないのか……？

目指すべきは「すべての男性が安心して家事育児できる社会づくり」

それは、ちょっと歴史を遡ってみるとわかります。１９７０年には、先進諸国でも女性の社会進出と合計特殊出生率の間には負の相関がありました（図２－５の上のグラフ）。それが、１９８５年（同中央）、そして２０００年（同下）と時を経て、徐々に正の相関になっていっ

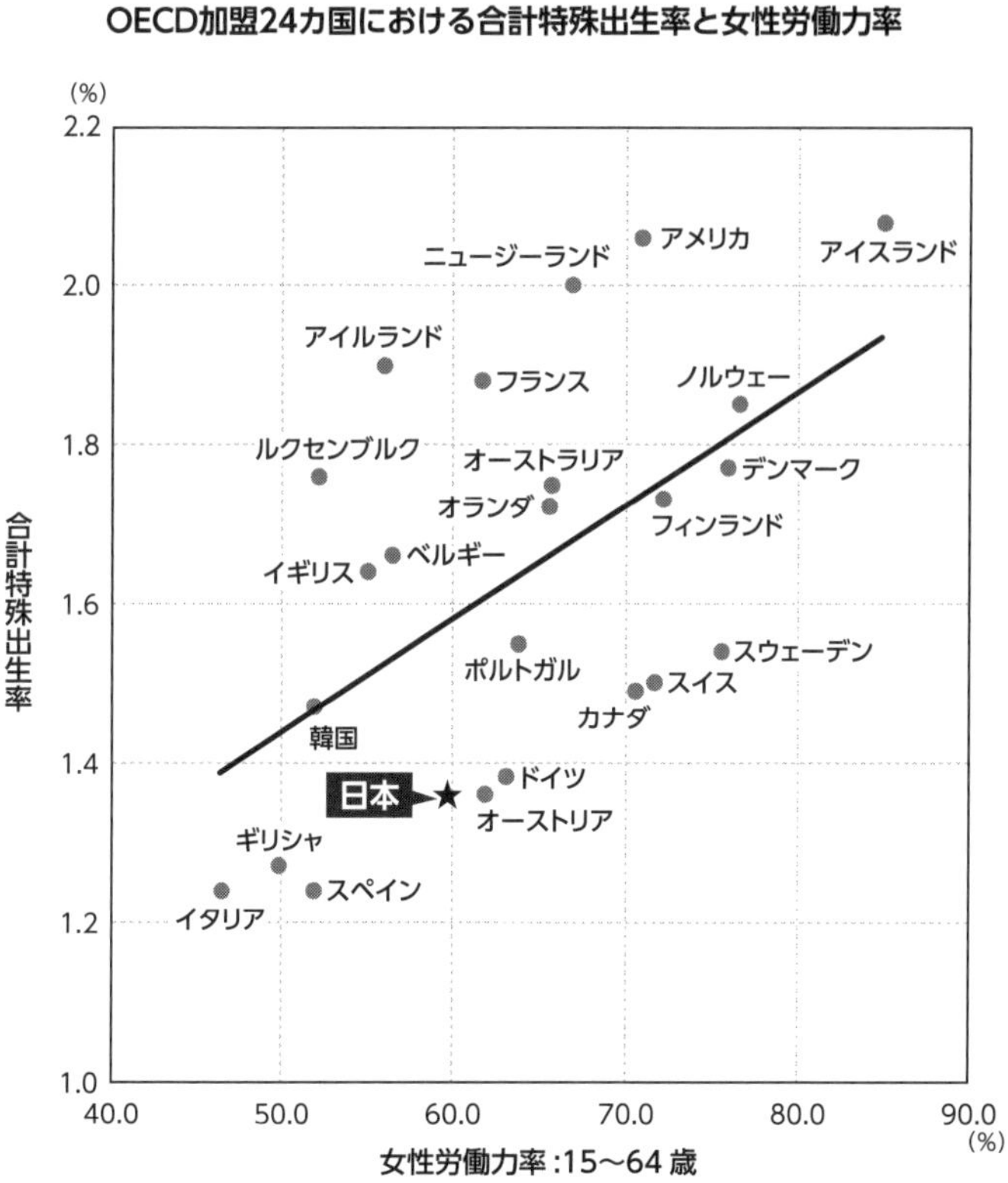

OECD加盟24カ国における合計特殊出生率と女性労働力率

(%)
2.2
2.0
1.8
1.6
1.4
1.2
1.0

合計特殊出生率

アメリカ
アイスランド
ニュージーランド
アイルランド
フランス
ノルウェー
ルクセンブルク
オーストラリア
デンマーク
オランダ
フィンランド
ベルギー
イギリス
ポルトガル
スウェーデン
スイス
カナダ
韓国
日本
ドイツ
オーストリア
ギリシャ
スペイン
イタリア

40.0 50.0 60.0 70.0 80.0 90.0
(%)
女性労働力率：15〜64歳

図2-4　先進諸国では、女性の社会進出率が上がると出生率も上がる

出典：内閣府男女共同参画局（Recent Demographic Developments in Europe 2004, 日本：人口動態統計, オーストラリア：Births, No.3301, カナダ：Statistics Canada, 韓国：Annual report on the Vital Statistics, ニュージーランド：Demographic trends, U.S.：National Vital Statistics Report, ILO Year Book of Labour Statistics より作成）

注：女性労働力：アイスランド、アメリカ、スウェーデン、スペイン、ノルウェーは、16歳〜64歳。イギリスは16歳以上

たのです。そしてそれは、ジェンダーギャップ改善の流れと一致しています。

このデータが提示する事実は極めてシンプルです。**女性が男性と同じように社会で働くことを希望した時、女性のケアワークの負担が変わらなければ少子化は加速するし、社会がその負担を担えば少子化は改善します。**

日本は、**図2-5**上の1970年代の国々と同じ状況なのです。この状況では、女性の就労が進めば合計特殊出生率が下がるのは必然です。多くの日本女性が、他国の女性と同じように、普通に働きたいと感じています。でも、家事育児の負担が女性に偏ったままでは、絶対に無理です。その時間がないからです。

では、この国のジェンダーギャップを解消するにはどうすればいいのか。私はまず、ターゲットの変更が必要だと思います。政府の掲げる「すべての女性が輝く社会づくり」が、もう違うと思う。なぜなら、今変わるべきは女性じゃなくて男性だからです。**女性は社会進出したくてもできないんです。なぜなら、男性が家庭進出しないから!**

第一章で見てきた通り、日本人男性は、他の先進国と比べると驚くほど家事育児にコミットしません(できません)。

こんな状況で、妻がもっとキャリアを積むためには、夫がもっと家事育児を担うこと、これしかありません。それをせずに妻に「もっと頑張って働いて!」と言うのはあまりにひど

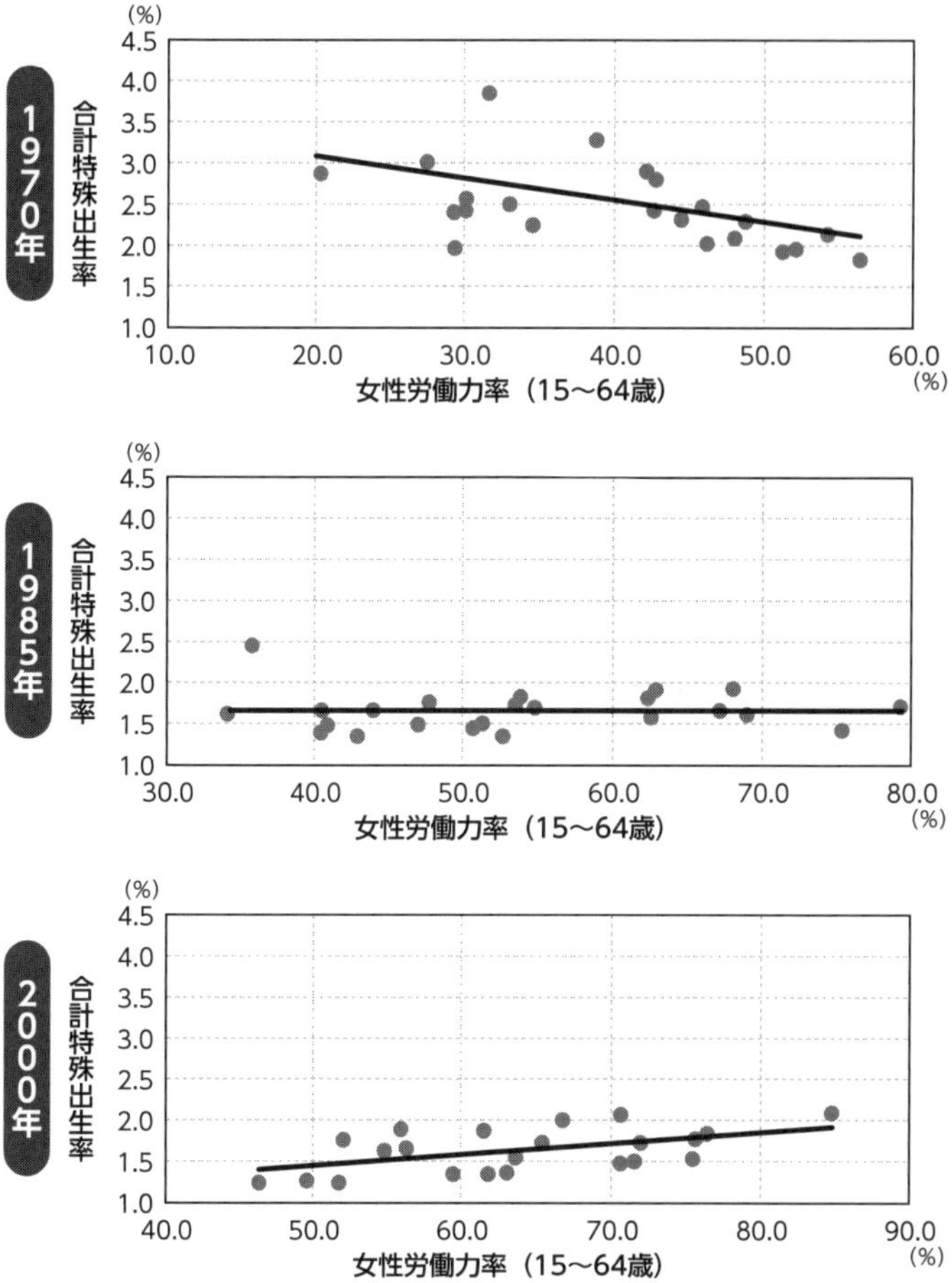

1970年
合計特殊出生率 (%)
4.5 4.0 3.5 3.0 2.5 2.0 1.5 1.0
10.0 20.0 30.0 40.0 50.0 60.0 (%)
女性労働力率（15〜64歳）

1985年
合計特殊出生率 (%)
4.5 4.0 3.5 3.0 2.5 2.0 1.5 1.0
30.0 40.0 50.0 60.0 70.0 80.0 (%)
女性労働力率（15〜64歳）

2000年
合計特殊出生率 (%)
4.5 4.0 3.5 3.0 2.5 2.0 1.5 1.0
40.0 50.0 60.0 70.0 80.0 90.0 (%)
女性労働力率（15〜64歳）

図2-5　先進諸国の女性の社会進出と出生率の関係の変化

出典：内閣府男女共同参画局（Recent Demographic Developments in Europe 2004, 日本：人口動態統計, オーストラリア Births, No.3301, カナダ：Statistics Canada, 韓国：Annual report on the Vital Statistics, ニュージーランド：Demographic trends, U.S.：National Vital Statistics Report, ILO Year Book of Labour Statistics より作成）
※女性労働力は国により一部、調査年および対象年齢が異なる

い。想像力に欠けると思いますし、問題解決の手段として筋が悪すぎます。

つまり、女性の社会進出を実現するには、「男性の家庭進出」が必要不可欠です。政府・社会が本来出すべきメッセージは「すべての男性が安心して家事育児できる社会づくり」ではないでしょうか。

日本人男性を縛る社会の〝呪い〟

ただ、これは男性だけが気合いを入れればどうにかなる問題ではありません。多くの女性がジェンダーギャップで悩んでいるように、私たち男性もまた「男らしくあれ」という社会からの謎のプレッシャーに悩んでいます。

内閣府の「男女共同参画社会に関する世論調査」によれば、**「夫は外で働き、妻は家庭を守るべきである」**と考えている男性は、未だに約40％もいます。女性ですら、約30％にも達します。

昨今、男女の出会いの場として定着しつつあるマッチングアプリでは、女性は男性をまず年収でフィルタリングすることが明らかになっています。結婚したくて果敢（かかん）にアプリに挑むも、まともにマッチングすらされず涙を流した非正規雇用の友人は数知れず。いったい何度、赤提灯で「どーせ俺なんて……」という切ない愚痴を聞いたことか（一方、男は男で、女性を年齢でフィルタリングするという愚行を続けているわけですが）。

社会の建前は「男女平等」でも、市場は人の本音をこれでもかというくらい引っ張り出します。男たるもの、正社員でそこそこ稼いでないと、結婚相手として女性に認知すらされないという、あまりに残酷なリアル。かくいう私も、もし現在の妻と出会っていなかったら、確実に恋愛市場から排除されていたことでしょう。なにせ妻と出会った時、貯金ゼロで無職という、明日をも知れない30歳でしたから。

その結果、男たちはこう考えます。家庭を持って子どもを育てるには、正社員になってバリバリ働いて出世して、お給料をたくさん稼がねばならない、と。そして結婚してからも、家族のため、子どものため、そう信じて朝から晩まで歯を食いしばって働いている男たちのなんと多いことか。

それなのに、この国ときたら実質賃金はずーっと下がりっぱなしです。**働いても働いても、お給料が増えないのです。**この異常事態は、先進国ではやはり日本だけ。貯蓄ゼロの現役世

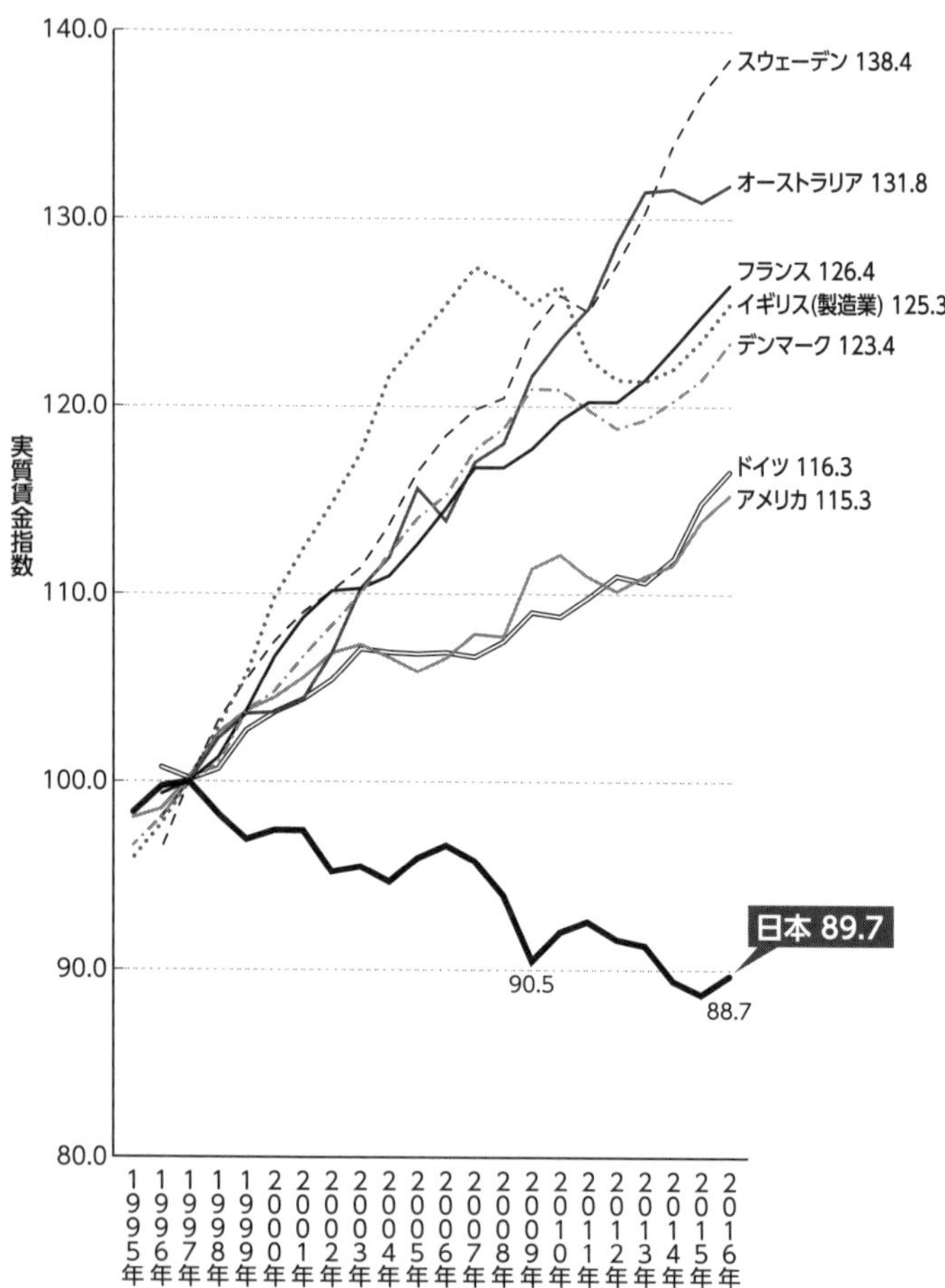

図2-6　下がり続ける日本の実質賃金

出典：天野妙・小室淑恵「男性の育休〜家族・企業・経済はこう変わる」(2020)

代が、うなぎ登りに増えています（図2－6）。

この状況では、男たちが自分の生き方を変えたくても、できません。がっつり働き続けなければ、まともに生活することもできない。結婚できない、子どもを持てない。だからもっと働かないと……、という負のスパイラルです。これが、ジェンダーギャップが日本で改善しない要因のひとつではないでしょうか。

私たち現役世代を、サポートしてください（切実）

では、いったいどうするか？　私の考え、というより、切実な願いですが、現役世代・家族に対する政府のサポートを手厚くしてほしい!!　「いつかは結婚したい、子どもも欲しい、でも、今の経済力じゃ……」そんな不安に、耳を傾けてほしいのです。

日本政府は、私たち現役世代に対する投資をひたすらケチってきました。諸外国と家族関連支出を比較すると、そのケチり具合がよくわかります。ちなみに家族関連支出とは、国が家族手当、出産・育児休業給付、保育・就学前教育、その他の現金・現物給付のために行った支出です（図2－7）。

この家族関連支出が増えると、女性の就業率が上昇します。図2－8で、いくつかの国の

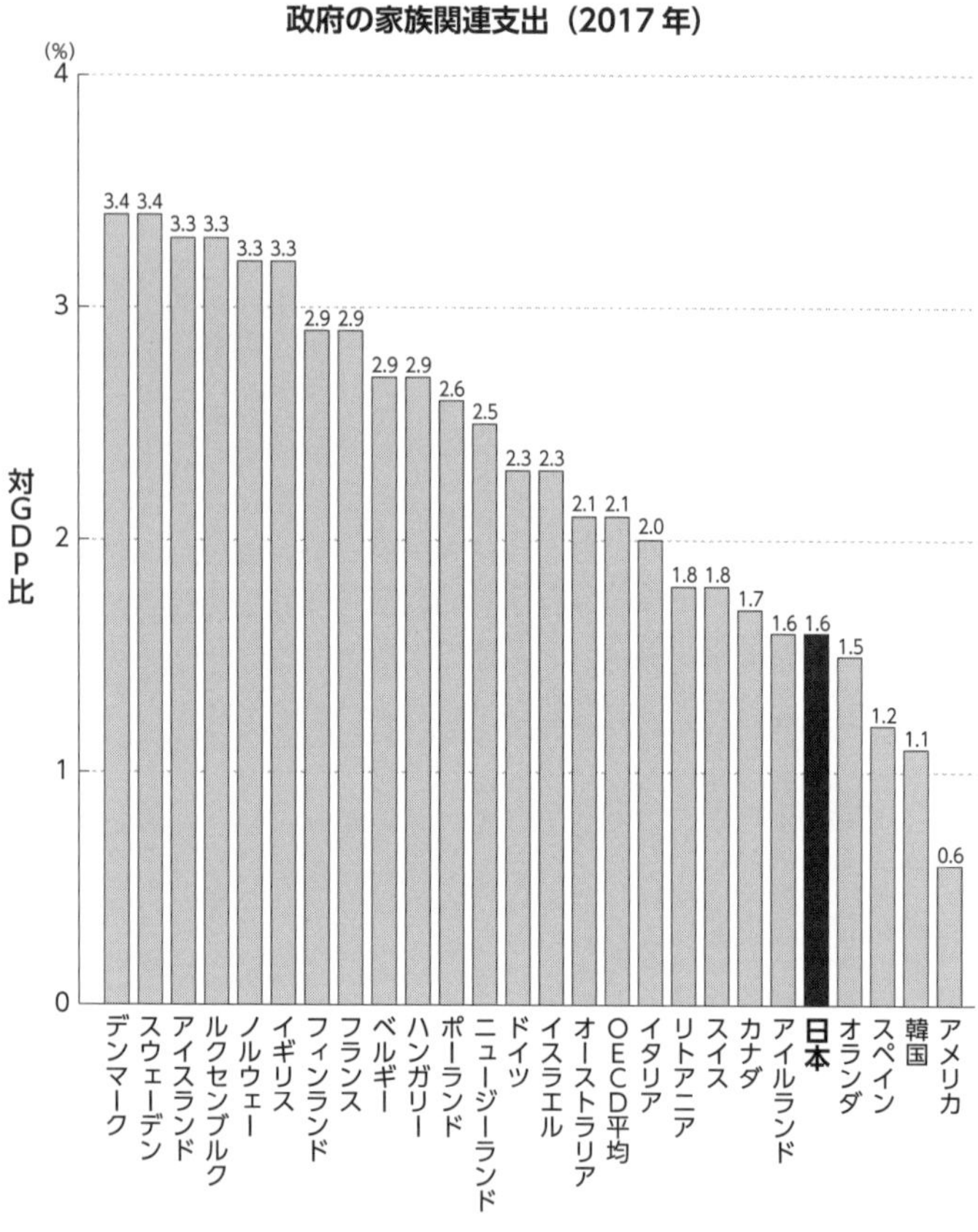

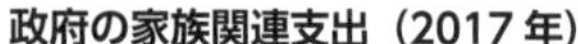

図2-7　日本の家族関連支出は対GDP比で先進国最低レベル

「OECD Stat」より筆者作成
※Cash BenefitsとBenefits in kindの合算

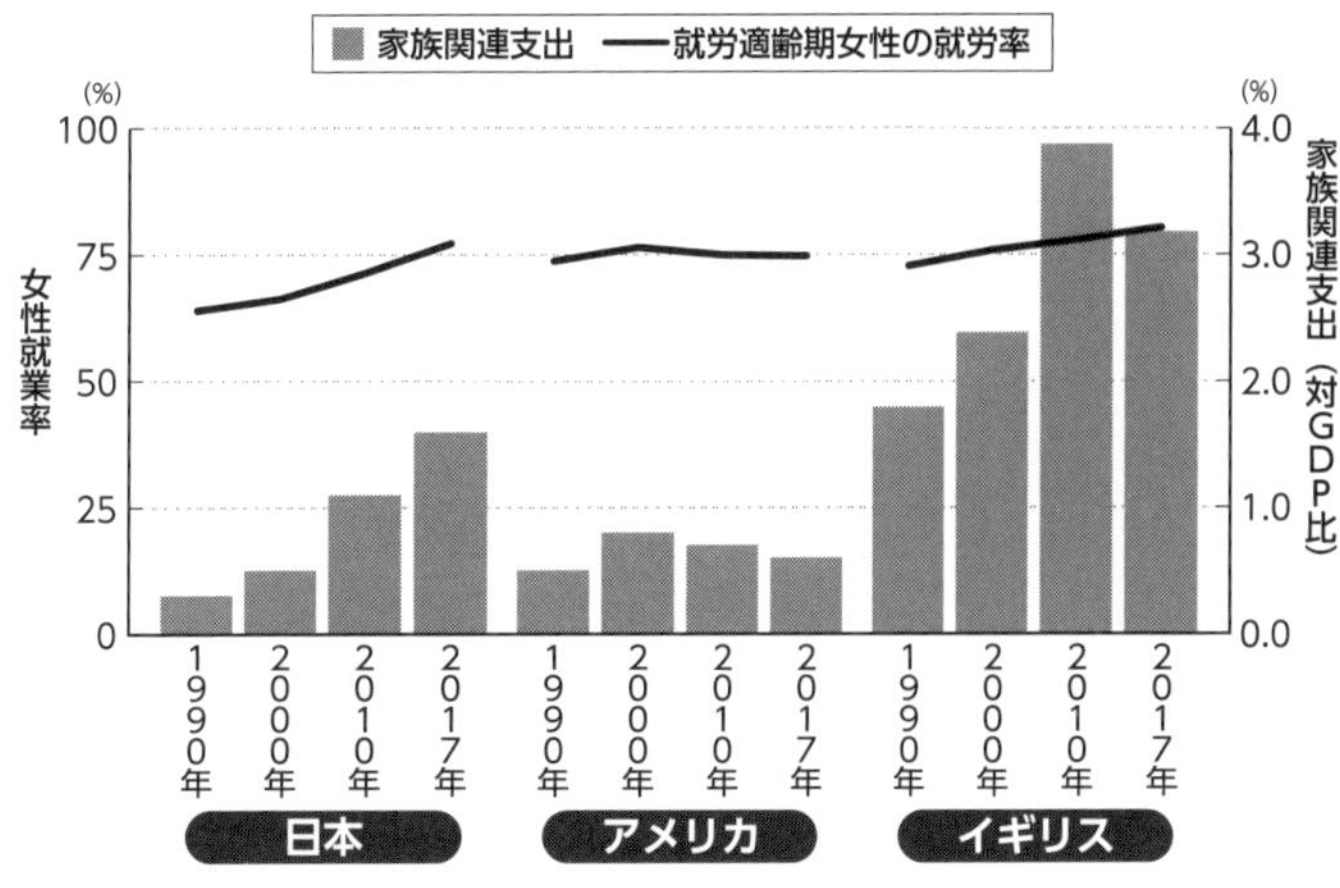

図2-8　就労適齢期女性の就労率と家族関連支出

「OECD Stat」より筆者作成
※就労適齢期（25～54歳）データを使用

事例をまとめてみました。近年、イギリスでは家族関連支出が増えており、女性の就労率も一緒に上昇しています。実は、日本の家族関連支出も、他国と比べてケチケチしているとはいえ、増えています。女性の就労率も、やっぱり上昇！　ある意味、伸び代しかないですね（上司が部下を励ます時によくいうやつ）！　一方、アメリカは家族関連支出を絞っており、アメリカ人女性の就労率は近年低下しています。自己責任論が強いアメリカらしいといえばらしいですが……。

なぜこうなるかというと、家族関連支出が増えると、現在女性が過剰に担っている家事育児を社会がサポートできるようになるからです。出産や育児に必要なお金が減り、保育・教育施設が充実するから、安心して子ど

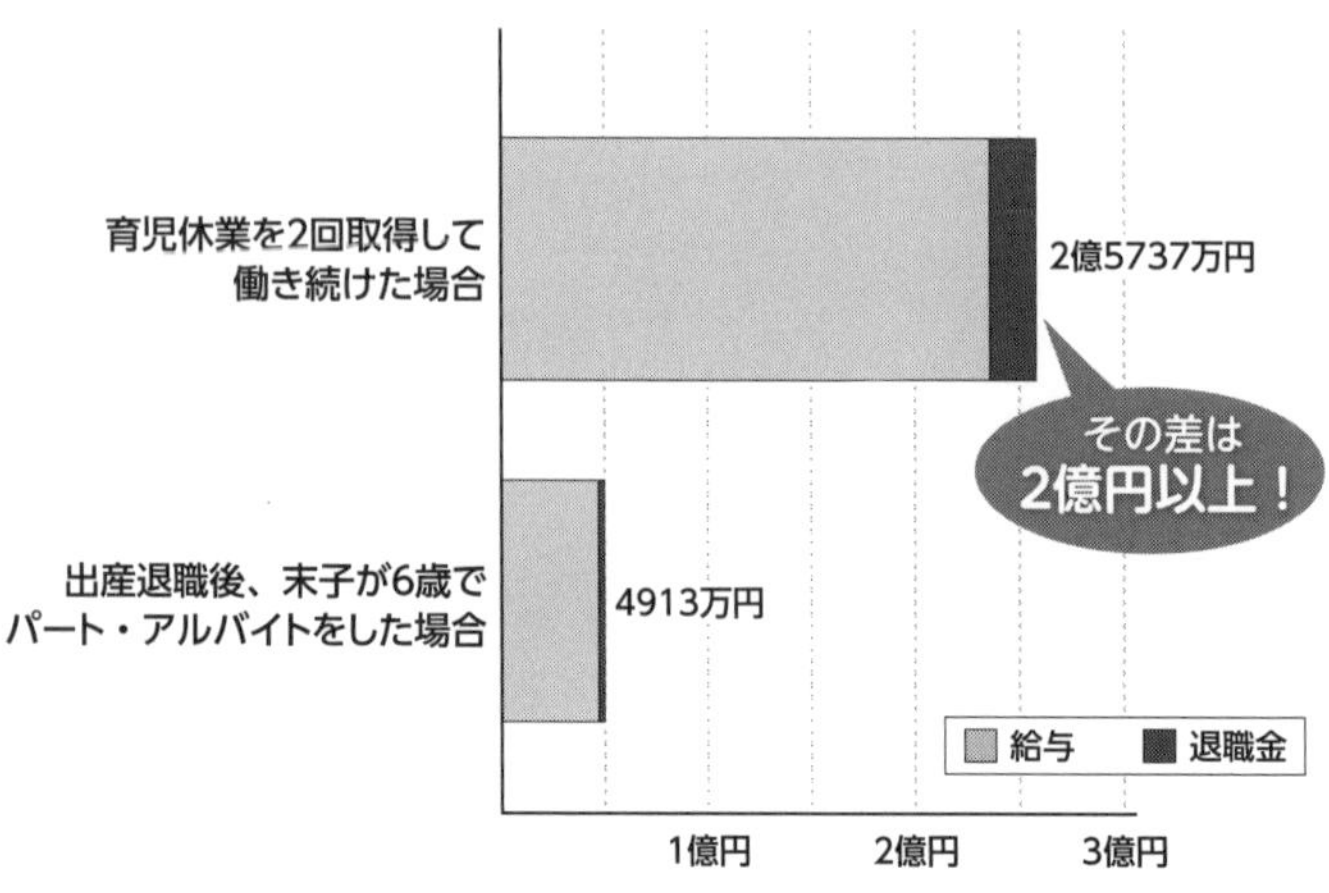

図2-9　出産で仕事をやめると、2億円損をする

出典：内閣府「国民生活白書」（2005）

もを預けて働けるようになります。こうなってようやく、男性も「ガンガン稼いでこないと……」というプレッシャーから解放され、安心して生き方を考え直せます。結果、女性の家事育児負担はますます軽くなり、いよいよ後顧の憂いなく社会進出できる、というわけです。まったく、道理でありますな！

女性が出産育児によるキャリアの機会損失をなくすことができれば、世帯収入は大幅にアップします。内閣府「国民生活白書」（2005）で示されたケースでは、妻のキャリアが妊娠出産によって損なわれなかった場合、生涯所得が2億円以上もアップしています（図2-9）。2億円……（じゅるり）。

家計が豊かになれば、おサイフの紐も緩みます。ジェンダーギャップが解消する時、日本経済くんも30年の長い昼寝からようやく醒めてくれるのではないかと思います。

そしてその時には、少子化も改善しているかもしれません。国立社会保障・人口問題研究所「第14回出生動向基本調査〜結婚と出産に関する全国調査」によれば、既婚女性が理想とする子ども数を持たない理由のぶっちぎり1位は**「子育てや教育にお金がかかりすぎるから」**です。男性が安心して家事育児でき、女性がキャリアを損なうことがなくなれば、その悩みは解決するはずなのです。

「もうひとり産んで!」は的外れな期待

ただし、夫婦の経済格差をなくすだけでは少子化は解消されません。当たり前ですが、結婚している人もいれば、していない人もいます。そして近年、男女ともに未婚率が急上昇しています(**図2-10**)。

ちなみに、この傾向は日本特有のものではありません。未婚率の増加は先進各国で共通して起こっています。原因として、社会、経済、そして価値観の変化が指摘されています。

そして日本では、生まれてくる子どもの婚外子(=婚姻関係のない男女の間に生まれた子ども)の割合は、たったの2・3%です(2018年のデータ)。つまり、子どもの98%近くは

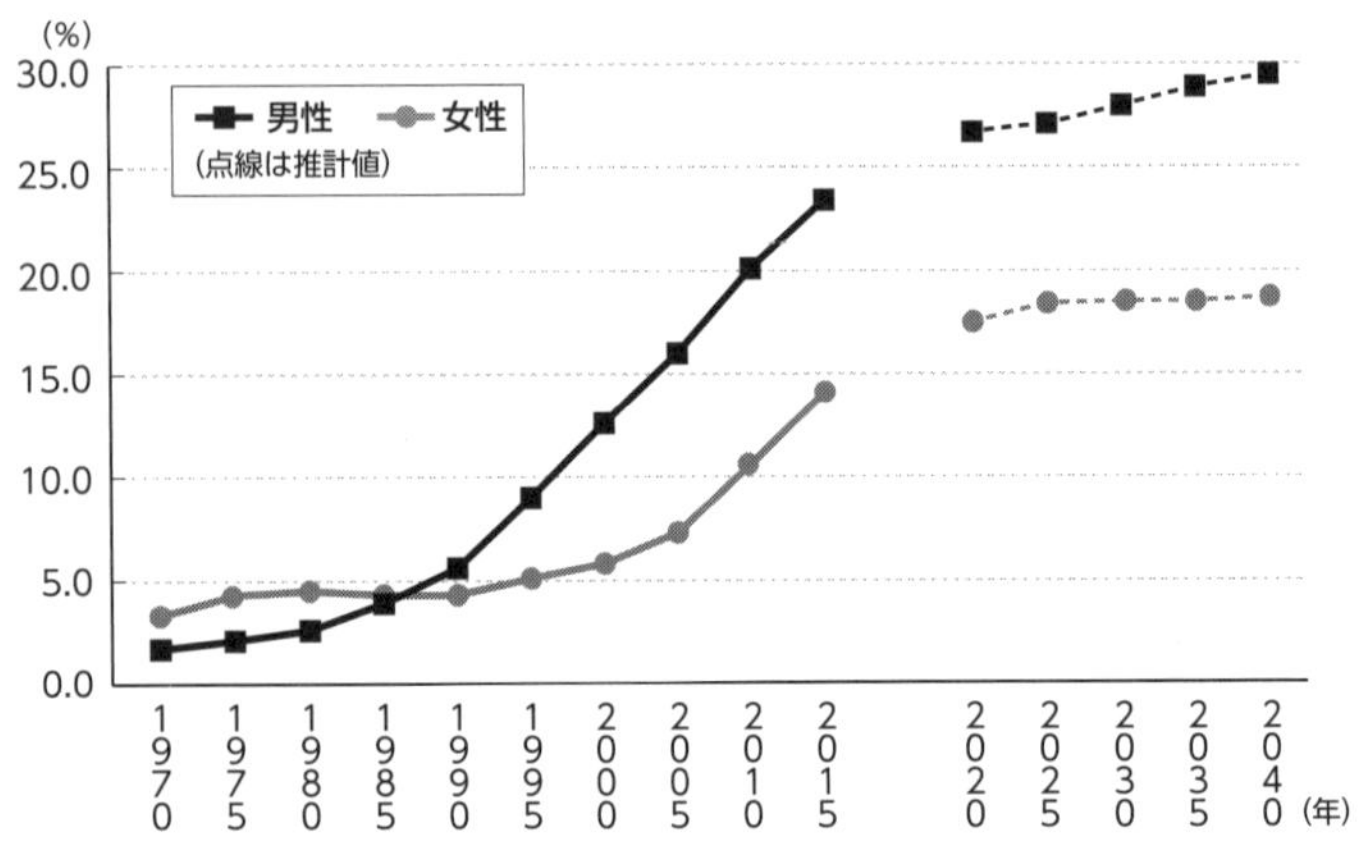

図2-10　上がり続ける未婚率

出典：内閣府「平成30年版少子化社会対策白書」
※45〜49歳の未婚率と50〜54歳の未婚率の平均である

既婚女性から生まれています。

というわけで、〝少子化〟を解決したい政府は既婚女性に熱い期待を寄せています。しばしば国会でも「〇人産んだら〇万円支援する」みたいな話が議論されています。先に述べた通り、既婚女性が理想の子ども数を持たない最大の理由は「子育てや教育にお金がかかりすぎるから」です。この切実な問題を緩和するという意味で、この施策は的を射ているように見えます。実際、我が家だって経済的に全く楽ではないので、そりゃお金はあった方が嬉しいです。ええ、嬉しいですとも。

でも、この施策は色々な意味で、あまり筋がいいように思えません。日本は現役世代に対する政府の支援が圧倒的に不足しているので、もちろんやらないよりはやった方がいいですが、他にもっと優先順位の高い施策があるのでは……？

これは「少子化対策」として全然イケてません。というのも、**今後、既婚女性の子どもを産む機会が劇的に増えることは、まずありえないからです。**一部の政治家の方々は、少子化を「これだから、最近の若い夫婦は！」案件と捉えているようですが、違います。

既婚女性だけに限定した出生率である**「合計結婚出生率」**（図2-11）をみてみましょう。しばしば誤解されがちですが、少子化を表すのに使われる数値「合計特殊出生率」は、広く「女性」が一生のうちに子どもを出産する平均値です。つまり、既婚女性だけでなく、独身女性も含まれています。この二つは、まったく異なる推移をしています。

合計結婚出生率は、戦後から高度経済成長期にかけて大幅な減少がありましたが、それでも1970年代以降、大体2・0周辺で踏みとどまっています。**つまり、半世紀ものあいだ、既婚女性は平均して2人の子どもを産んでいるのです。一方、独身女性も含む合計特殊出生率は、その後も減少しています。未婚率が上昇しているからです。**

後述しますが、既婚女性が子どもを産む数が2・0周辺で固定化されているのは、戦前から続く経済社会構造の変化によるものであり、「〇万円支援するから、もうひとり産んで！」と言っても、有意な効果は見込めないのです。大事なことなので繰り返しますが、我々現役世代にとって、なんであれ公的支援はとても嬉しいです。ですが、「これでもうひとり追加

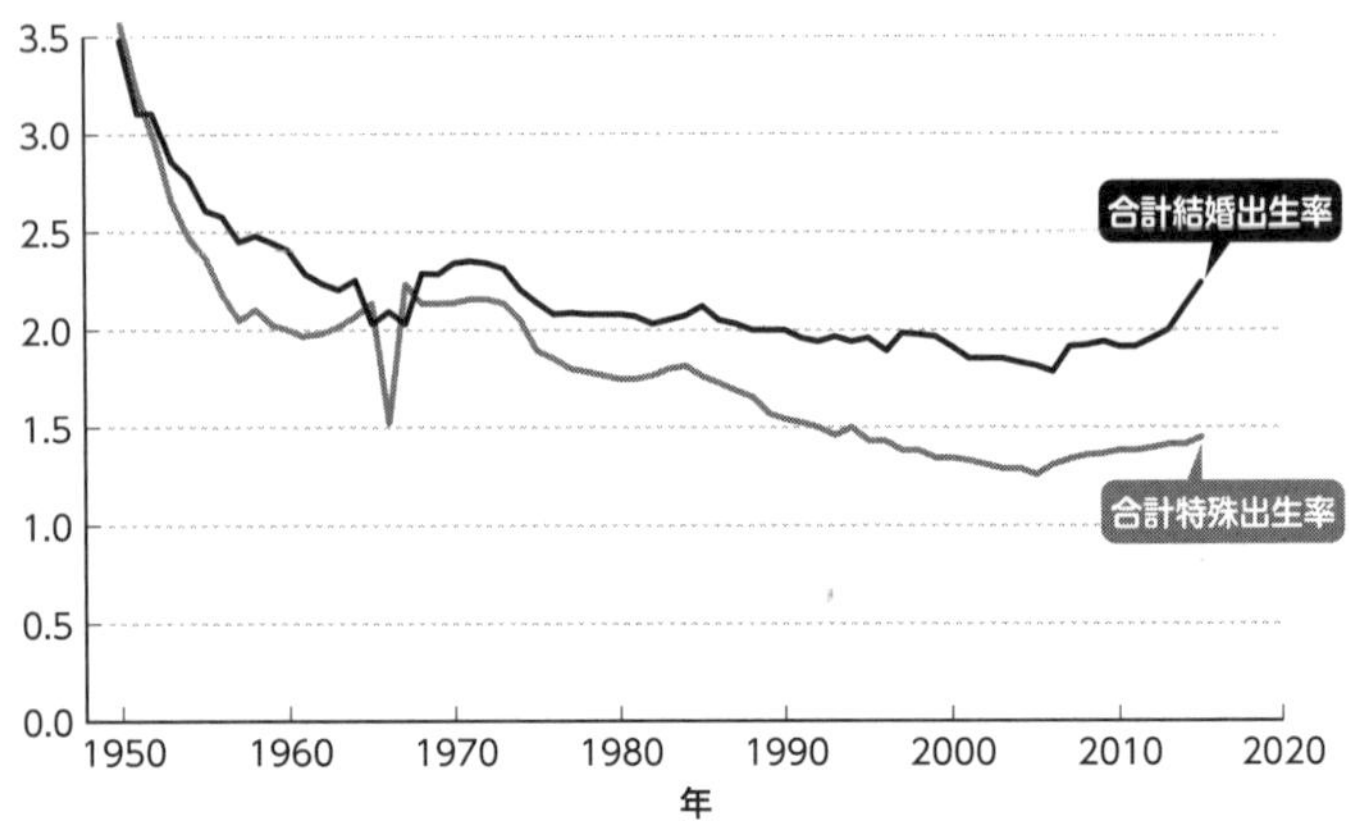

図2-11　1970年以降、既婚女性の出生率は一定

出典：余田翔平・岩澤美帆「期間合計結婚出生率の趨勢とその背景〜社会経済発展，ジェンダーレジーム，生殖技術に着目して」

で！」って言われてもちょっと……。

まとめますと、日本では、子どもを産む女性の多くが既婚です。その既婚女性は、これまでも、そして今後も、平均して二人以上の子どもを産むことはないでしょう。そして、その既婚女性の数は減り続けており、今後回復の見込みはありません。つまり、現状では、**日本は詰んでいると言わねばなりません。**

全く違う……!!　今と昔の「子ども」の意味

絶望して匙(さじ)を投げる前に、ここで人類の「子どもの歴史」を簡単に振り返ってみましょう。

ヘブライ大学のユヴァル・ノア・ハラリ教授は歴史を学ぶ意味について、自らの著書で何度もこう強調しています。**「過去の呪縛から自らを解放し、他の様々な運命を想像するためだ」**と。人間は、どんなに自由気ままに生きているつもりでも、その思考やアイデア、感性、日々の無数の意思決定の数々は、自分の育った環境に強く依存しています。

そして、その環境を形作ったのが歴史です。歴史を知ることで、自分の置かれている環境を客観視できます。その環境が当たり前ではないと認識し、疑問を持てるようになって初めて、革新的な解決策を考えだせます。「歴史なんか勉強しても意味ねーじゃん」という考え方は、もったいないのです。

というわけで、改めて「子ども」について考えてみます！　そもそも、なぜ人は、子どもを欲しいと思うのでしょう？

私の場合は、妻と子育てをしてみたかったからです。教育費とか、お金はめっちゃかかるだろうけど、それでも欲しかった。いわば、好奇心です。義務感なんてないし、子どもに老後の面倒を見てもらおうとか1ミリも思ってないし、継いでもらいたい家業もないので、子どもがいないとヤバイなんて思いません。「いたらいいなぁ」というスタンス。こんな感じの方、少なくないと思います。

この考え方を経済用語で表現すると、子どもを**「消費財」**と捉えていることになります。子どもというのは、少なくとも家計的には、お金がかかるだけの存在です。「まぁ、言い方はともかく、そりゃそうじゃね？」と、思いましたよね。しかし、この考え方は人類の歴史的には完全に異端です。ニュータイプ（機動戦士ガンダムに出てくる新人類）です。

なぜなら、子どもはずーっと、経済学用語で言う**「生産財」**だったからです（開発途上国の貧困層にとっては今でも生産財です）。昔は、多くの人が家族単位で農業などに従事していたので、子どもは労働力として期待されていましたし、実質的に両親の老後の面倒をみる義務もありました。現代のように国家が運営する年金も介護保険もない状況では、両親の福祉は子どもが担うのがもっとも合理的、というより、他に手段がなかったのです。そういう意味で、**親にとって子どもは「資産」でした。子どもがいないと生活（家業）も老後もヤバかったのです。**

この人類の有史以前からの「子ども」の意味（生産財／消費財）が日本で劇的に変化し始めたのが、大正でした。

少子化は、100年前から続く超長期トレンドである！

図2-12は、明治から現在に至るまでの「普通出生率」の推移をまとめたものです。普通出生率とは、人口1000人あたりの出生数を表します。2017年の日本の普通出生率

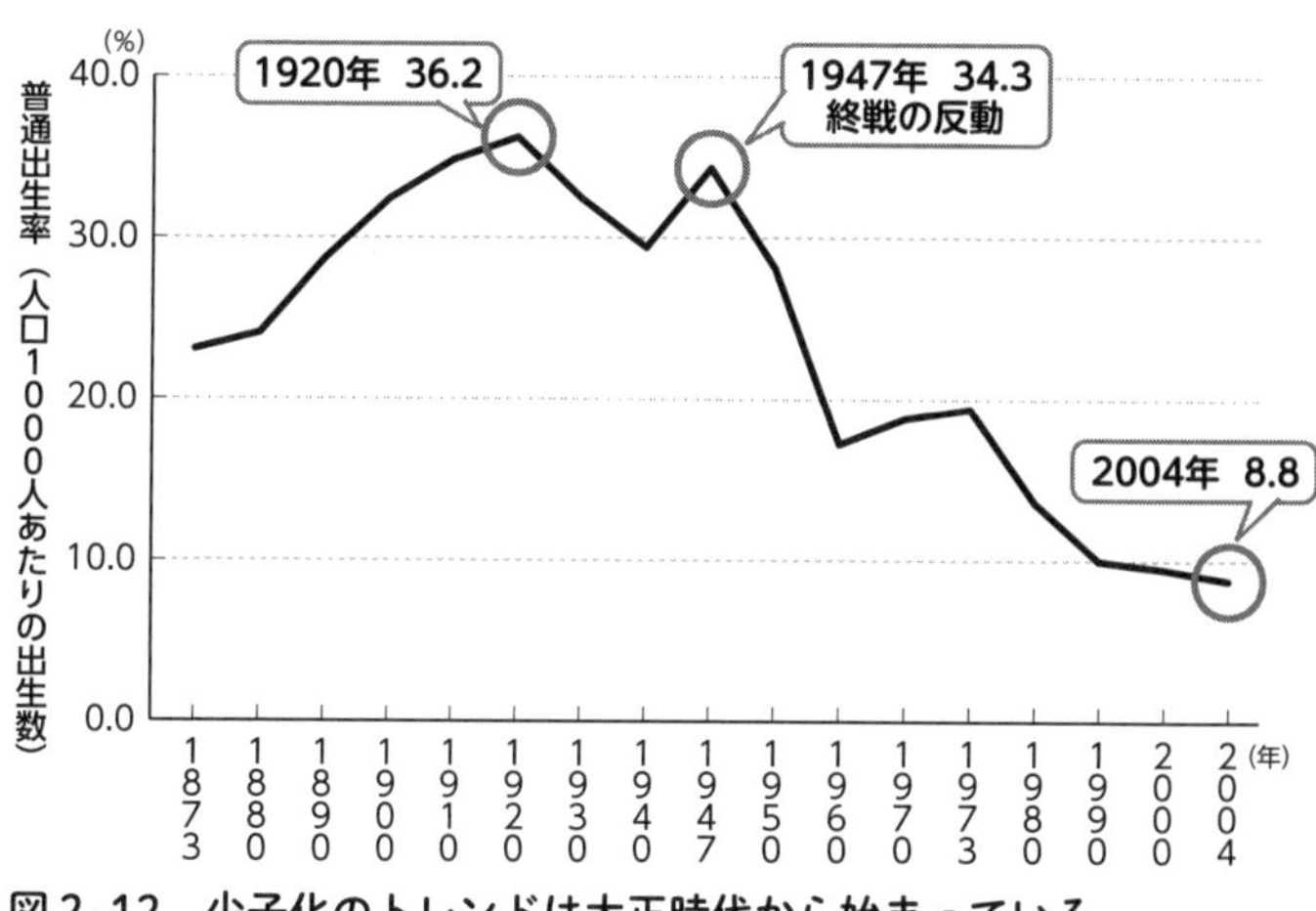

図2-12 少子化のトレンドは大正時代から始まっている

1873年から1890年までは内閣統計局「帝国統計年鑑」、1900年以後は厚生労働省「人口動態統計」から筆者抽出

は7・6でした。明治から大正の前半までは出生率がずーっと上昇していますが、**1920年を境に、いっときの例外を除いてずっと下降トレンドであることがわかります。**

少子化の傾向が特にエスカレートしたのが戦後です。経済発展に伴い、子どもの「労働力としての価値」が激減したからです。1953年から1975年の間に、「雇用者」、いわゆるサラリーマンの割合は42・4%から69・8%と、3割近く急増しました。

子どもには鍬（くわ）は握れても、会社勤めのお父さんの仕事の手伝いはできません。そして、その頃になると年金制度なども設計され、老後の心配も減ってきました。

つまり大正以降、特に戦後からは、多くの人にとって、子どもを持つ生活的な必要性が

なくなったのです。これが、少子化問題を語るうえでの大前提です。

近代になって初登場！　歴史的には異端な「標準家族」

子どもの歴史的な意味の変化と時を同じくして、家族の形も劇的に変わりました。かつて、江戸、明治の頃は、実に多種多様な世帯で社会が成り立っていました。メキメキ人口が増えていた時代だったのだから、み〜んな結婚して子どもを産みまくっていたと思われがちですが、さにあらず。

例えば幕末の江戸と現代の東京を比較してみると、未婚率がほとんど変わらないどころか、むしろ、地域によっては江戸の方が高い場合もあります。麹町の男たちの状況なんて、今とほとんど一緒です（図2-13）。

「まったく！　これだから東京の若もんは！　未婚率は高いし！　出生率も日本で最低だし！　まったくけしからん！」という人もいますが、実はそれ、江戸の頃から変わってないのです。

しかし、江戸時代中期から末期の人口は、堅調に推移しています。実はこの時代は世界的な寒冷期で、度重なる飢饉（ききん）という、人口が押し下げられる強い要因があったにもかかわらず

幕末江戸各地の有配偶率

	男(%)	女(%)
麹町12丁目(慶応元(1865)年)	47.3	71.8
四谷伝馬町新1丁目(慶応元年)	54.4	71.6
渋谷宮益町(慶応3(1867)年)	46.5	36.7
芝神谷町(嘉永2(1849)年)	56.0	90.9

平成12(2000)年の東京都の有配偶率

	人口(人)	うち有配偶者(人)	有配偶率(%)
男(15歳から60歳)	4,097,331	1,851,871	45.2
女(20歳から39歳)	1,911,981	849,880	44.5

図2-13　今も昔も、江戸は未婚者の多いまち
出典：参議院「立法と調査〜歴史的に見た日本の人口と家族」(2006年)

です。大都市の江戸の若者がこんな感じなのに、なぜでしょう……？

答えは簡単。この時代の人口維持は、主に地域の農村が担っていたのです。室町時代中期頃までは、地域の農村でも自身の畑が持てない農民が多く、自立できず未婚のまま過ごしていた場合が多かったようです。しかし、室町末期から江戸時代に入ると技術革新と制度改革（太閤検地とか）があって、貧しい農民も自立できるようになりました。結果、江戸中期以降は農村部では多くの人が結婚でき、子どもを持てるようになったのです。

わかりやすい事例をひとつご紹介します。

1716年から1870年の陸奥国（現在の福島県、宮城県、岩手県、青森県）下守屋村と仁井田村です。未婚率は45〜49歳の男子で

4・8%、女子では0・6%となっており、ほぼ全員が結婚している状態でした。ただ、興味深いのは、離婚もとても多かったことです。

この下守屋村と仁井田村は確かにほとんど全員が結婚していましたが、平均普通離婚率（人口1000人あたりの年間離婚件数）は4・8に達していて、これは現代の米国を上回る高水準です！

都会で生涯独身を貫く人もおり、みんなが結婚している農村もあり、かと思えば離婚しまくっていて、柔軟にコミュニティを形成してバランスをとっていたのが江戸・明治期でした。なんだか、現代より遥かに多様な家族観が共有されていた時代に思えますね。

こんなに多様な世帯が共存していた社会が変わり始めたのが、大正でした。「外で働くお父さんと、家を守るお母さん、子どもは二人」という家族の形が、いわゆる「標準家族」として突如、社会に姿を現したのです。

標準家族の登場の背景は、主に以下の三つで説明されています。

①産業・社会構造が変化して、子どもを持つ意味も変わった（生産財から消費財になった）。

②工業化に伴い、これまで地方で農業に従事していた人々が都会で職を得て暮らすようになった（核家族化）。

③医療の発展により、乳児死亡率が低下。多産の必要がなくなった。

標準家族の増加に伴い、既婚女性の出産回数が激減します。これが日本の少子化トレンドの始まりです。明治の頃は、既婚女性は平均して五人も子どもを出産していましたが、大正時代におよそ二人まで急落し、それを維持して現代に至ります。

人類の長い歴史からすれば、ぽっと出と言える「標準家族」は、その後、凄まじい勢いで社会の隅々にまで広がり、人々の価値観だけでなく、社会福祉制度まで変えていきました。**いつしか、一部の政治家の方々はこの特殊な家族の形を「伝統的家族」と呼ぶようになり、これこそが〝理想の家族〟と考えるようになりました。**

そういう政治家の皆さまが「少子化の克服」を考える時、「父親が外で働き、母親が家庭を守るという伝統的家族のベースを維持したまま、子どもの数だけ増やす」というのが暗黙の了解であり、大前提です。だから「もうひとり産んでくれたら〇万円支援します！」という発想になります（もっとも、それすらまともに実行してくれないわけですが）。

ここまで歴史を振り返って考えれば、もはや既婚女性が平均して二人以上の子どもを出産するなんて未来はありえないとわかります。**なぜならそれは、「これだから、最近の若いもんは！」案件ではなく、社会と経済の構造的な変化によるものだからです。**

また、未婚率上昇の流れが逆転してほぼ全員が結婚し、しかも、平均して子どもを二人もうけるなんてこともまた、ありえないでしょう。だって、その必要がないのだから。しかも現代は、結婚出産は女性にとって不条理な差別を受ける可能性すらあります。「子育て罰」なんていう悲しい言葉があるくらいですからね……。

つまり、政治家の皆さまが後生大事にする「伝統的家族」を維持するなら、少子化の解決は不可能、という結論に至ります。

〝伝統的家族〟の呪縛から自分を解き放て！

ここで、ハラリ教授の言葉を思い出してみましょう。歴史を学ぶ意味は「過去の呪縛から自らを解放し、他の様々な運命を想像するため」です。歴史の呪縛から自由になってみますと、私なんかはこう思います。**「伝統的家族って、そんなに大切……⁉」** たかだかここ1世紀の「伝統」は、正解でもなければ、真理でもないはずです。その時の社会の、私たちそれぞれの生き方にあった家族の形があってもいいと思うのです。

私は、真の少子化対策の道筋はひとつしかないと思います。**日本の悠久の歴史から見れば異端に過ぎない〝伝統的家族〟にこだわっていないで、多様な家族・個人を尊重する社会の**

仕組みや価値観をみんなで共有することです。独身であれ、既婚であれ、事実婚であれ、どんな家庭環境だろうと、子どもがいようといまいと、社会的な不利益や差別を受けずに生きていける社会、これを実現させるしかないです。

これは、お花畑な理想論ではありません。極めて、実践的な話です。本章でみてきた通り、ジェンダーギャップが広がると、少子化が加速します。結婚出産をすることで不当な差別まで受けるハメになるのなら、そんな選択をするのはいよいよ〝合理的〟ではありません。

ただ、私たち人間は必ずしも〝合理的〟に生きているわけではありません。いや、そもそも、〝合理的に生きる〟とはなんでしょうか。苦痛や不快といった感情を避けて、できる限り楽をして生きることでしょうか？　だとすると、人類はとっくの昔に滅びているはずです。

だって、子育ては、全然、楽じゃない……‼

私個人の感覚ですが、子育てを実際にやってみて、単純に「快」と「不快」の時間の長さを測ったとしたら、「不快」の時間の方がぶっちぎりで長いです。夜泣きがひどくて夜はまともに寝られないし、結果、日中はフラフラだし、いわゆる「自分の時間」なんて完全に絶滅危惧種だし。それでも、私はやっぱりこう断言できます。

今が人生で一番幸せ。

どんなに日々が大変でも、娘の笑顔一つで、なんかもう、幸せな気持ちになっちゃうのはなんでだろうと、私は常々疑問に思っていました。

この疑問に、ノーベル経済学賞を受賞したダニエル・カーネマン教授のある有名な研究がヒントを出してくれています。先にご紹介したハラリ教授の名著『サピエンス全史〜文明の構造と人類の幸福』でその研究結果がわかりやすくまとめられています。

「（カーネマンの）有名な研究で、人々に典型的な平日について、具体的な出来事を順番に挙げて説明し、それぞれの瞬間がどれだけ楽しかったか、あるいは嫌だったかを評価するように求めた。（中略）子どもの養育にまつわる労働を例に取ろう。カーネマンの研究から、喜びを感じる時と単調な苦役だと感じるときを数え上げてみると、子育ては相当に不快な仕事であることが判明した。（中略）だが大多数の親は、子どもこそ自分の幸福の一番の源泉であると断言する」

(『サピエンス全史~文明の構造と人類の幸福』より)

どうやら人間の幸福は、必ずしも「快」の時間が「不快」の時間を量で上回ることではないようです。この感覚は、長い進化の過程で、私たちの遺伝子にインプットされています。だからこそ、人類はここまで世代を重ねてこられたのかもしれません。

そして、私はこう思うのです。「伝統的家族」という価値観の強制と、それを前提とした社会の仕組みが、私たち個人が「こうありたい」と望む人生の選択肢を奪っているのではないか、と。

例えば、すでにご紹介した通り、日本で生まれてくる子どもの婚外子の割合は、たったの2%ちょっとです。これは、他の社会と比較すると異常なほど低い数値です。図2-14の通り、中南米や欧州を中心に、出生数に占める婚外子の率が50%を超える国がたくさん!フランスでは60・4%、スウェーデンでは54・5%が婚外子です。これは、北欧や西欧では事実婚が社会で受け入れられているからです。もちろん、子どもたちは、婚外子だろうと何ら差別を被ることはなく、婚内子と同等の権利が保障されています。日本でも2013年の民法改正により、遺産相続での婚外子の差別規定は撤廃されましたが、社会的な偏見はまだまだ根強いように感じます。

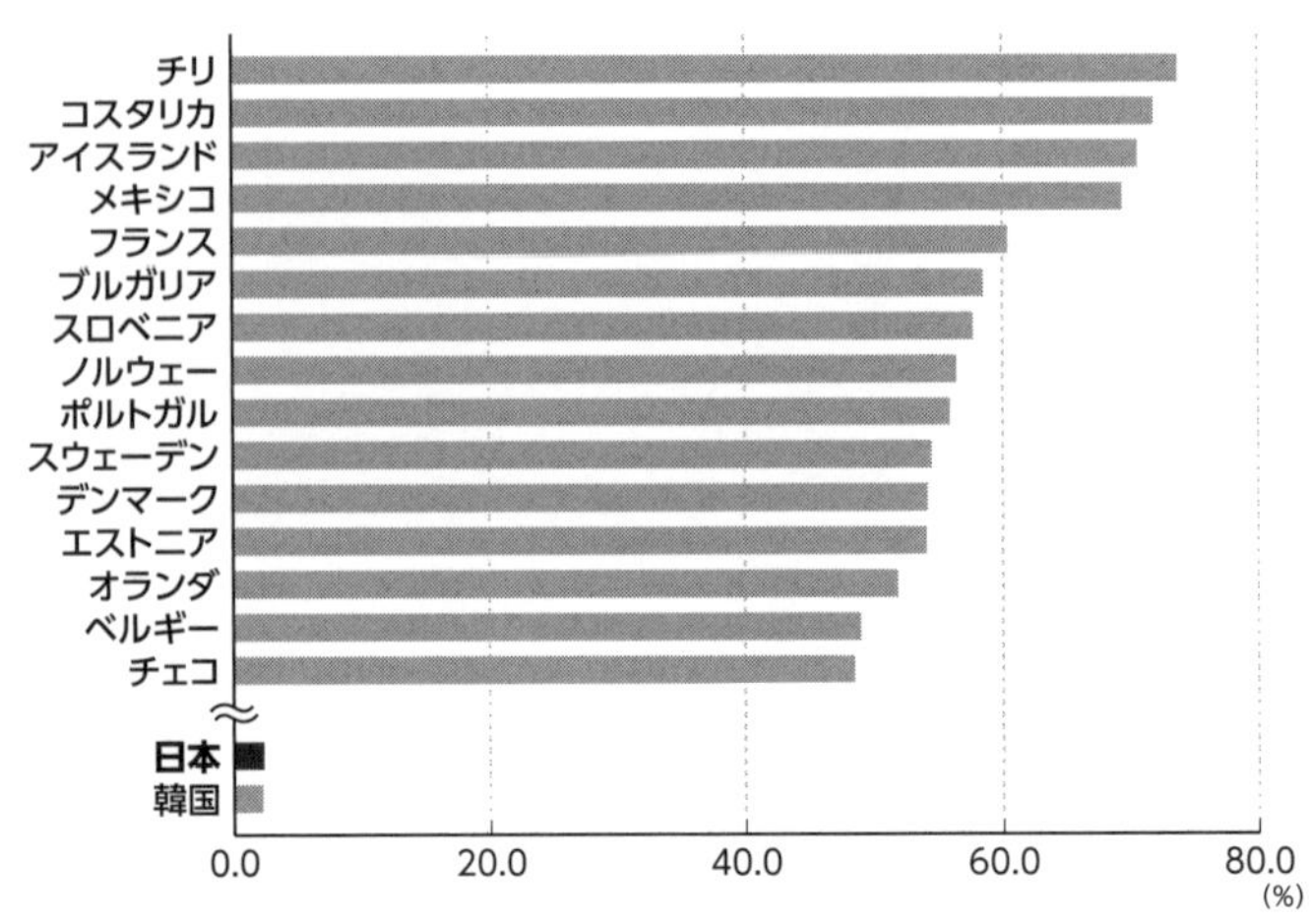

図 2-14　日本は婚外子の割合が極めて低い

出典：OECD Family Database（2020）

私は、「婚外子を増やそう！」と言いたいわけではありません。どんな形の家族であっても、親子を社会が全力でサポートする姿勢と体制を整えれば、「結果的に」少子化は解決するのでは、と思うのです。

実際のところ、日本でも20代の未婚女性の18・3％が「結婚は望まないが子どもは欲しい」と考えています（内閣府「我が国と諸外国の若者の意識に関する調査」）。**20代の未婚女性数にこの比率をかけてみると、約80万人。仮にこれらの女性が全員、出産した場合、出生数は一気に倍増し、少子化は解消することになります。**

でも、現在の日本では、これは現実的ではありません。深刻なジェンダーギャップが、社会の偏見が、制度が、未婚女性たちの希望を退けているのです。

「結婚しろ！　出産しろ！　そのせいで自分らしく生きられなくなるかもしれないけど、お母さんなんだからしょうがないよね★」

社会はこういうメッセージを女性たちにガンガン発信しているわけですが、冷静に考えると、あんまりな話です。むしろ、少子化にならない方がおかしい。

そろそろ、「伝統的家族」の呪縛に囚われるの、やめませんか？　独身でも既婚でも事実婚でも、子どもがいてもいなくても、不利益や差別を受けずに生きられる社会にしませんか？

私の娘には、そんな社会で生きてほしいのです。**確かに、私にとって、娘は「消費財」に違いありません。でも、人生を丸ごとかけた「消費財」です。**

幸せに生きてもらわなければ、困るのです。

コラム 02

こども投票制で、みんなの未来をつくるのだ！

「少子化ガー！　っていうけど、そもそも何が問題なの？」というご意見もあろうかと思います。

少子化がヤバイ理由はたくさんありますが、そのうちのひとつは世代間格差です。日本の年金は個人が自分の将来のためにお金を積み立てるのではなく、現在の高齢者に対して現在の現役世代がせっせとお金を送る方式（賦課方式）です。少子化とはこの現役世代がいなくなることを意味しますので、高齢者を支える一人あたりの負担が激増します。

学習院大学の鈴木亘教授の著書『だまされないための年金・医療・介護入門』によれば、１９４０年に生まれた人は、自分が政府に税金を払った額よりも、政府から受け取る額の方が４８５０万円も多くなります。一方で、２０００年に生まれ

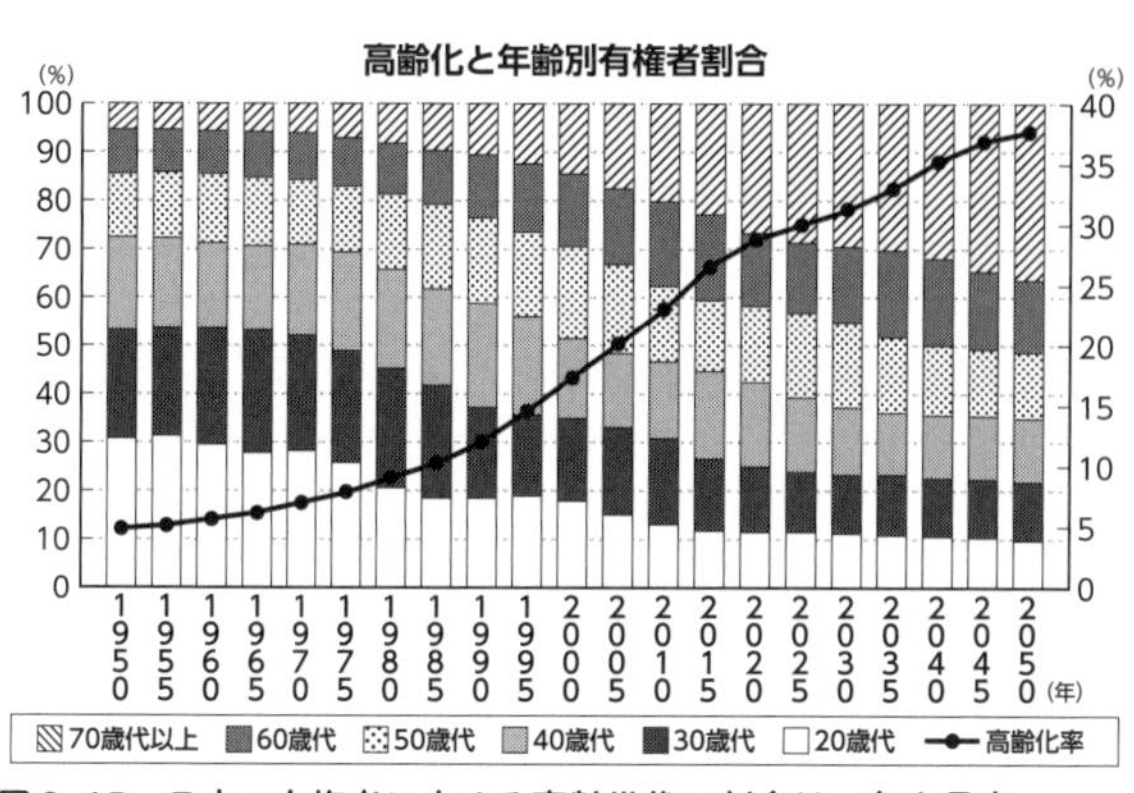

図2-15　日本の有権者に占める高齢世代の割合は、急上昇中

出典：内閣府「平成29年版高齢社会白書」総務省「国勢調査」国立社会保障・人口問題研究所「日本の将来推計人口（平成29年推計）」

た人となると、逆に3260万円損をすることが宿命づけられています。その差、実に8000万円……！

令和生まれのうちの娘の世代にいたっては、この金額がさらに大きくなっています。社会人になって初任給の給与明細を見た時、差っ引かれている額に愕然とするんだろうな……。

でも、個人的にさらにヤバイと思う理由があります。それは、高齢者が有権者の多数派となり、政治への影響力が強くなる現象、**シルバー民主主義**です。

高齢者にとってみれば、先に述べた社会保障の世代間格差を解消するメリットはありません。だって、自分の年金が減ることを意味するわけですから。つまり、日本が民主主義国家である以上、もうこの格差は絶対に解決しない……？　若者にとってみれば、もはや**財政的虐待**といえる状況です。

そして実は、日本はもうすでに、押しも押されもせぬシルバー民主主義先進国です。ここで、日本の有権者の構成の変遷をみてみましょう。１９５０年には全有権者のうち20～30代の若い世代の割合は50％を超えていましたが、２０１５年はたったの30％弱。逆に、60歳以上の高齢世代の割合は14％から40％に急上昇しています（**図2-15**）。そしてこれからは、その傾向がますます加速します。

おまけに、若い人ほど選挙に行かない（血涙）！　世代別の投票率を示したのが、**図2-16**です。年代別に、衆議院選挙の投票率を表したものです。有権者の年齢構成に投票率を加えてみると、**２０１４年の衆院選の際には、約50％を60歳以上の高齢者が占めていました。一方、20～30代の若者世代のシェアはたったの19％です。**

政治家としてどんなに優秀で素晴らしい能力があったとしても、選挙に勝たねばただの人です。普通に算数ができる政治家なら、若者ではなくお年寄りの支持を得られるような政策を考えるでしょう。そっちの方が、どう考えても合理的です。

民主主義が多数派の意見を社会に反映させる仕組みである以上、これからも日本では、高齢者にとって有利な政策が採用され続けていくでしょう。すると若い世代

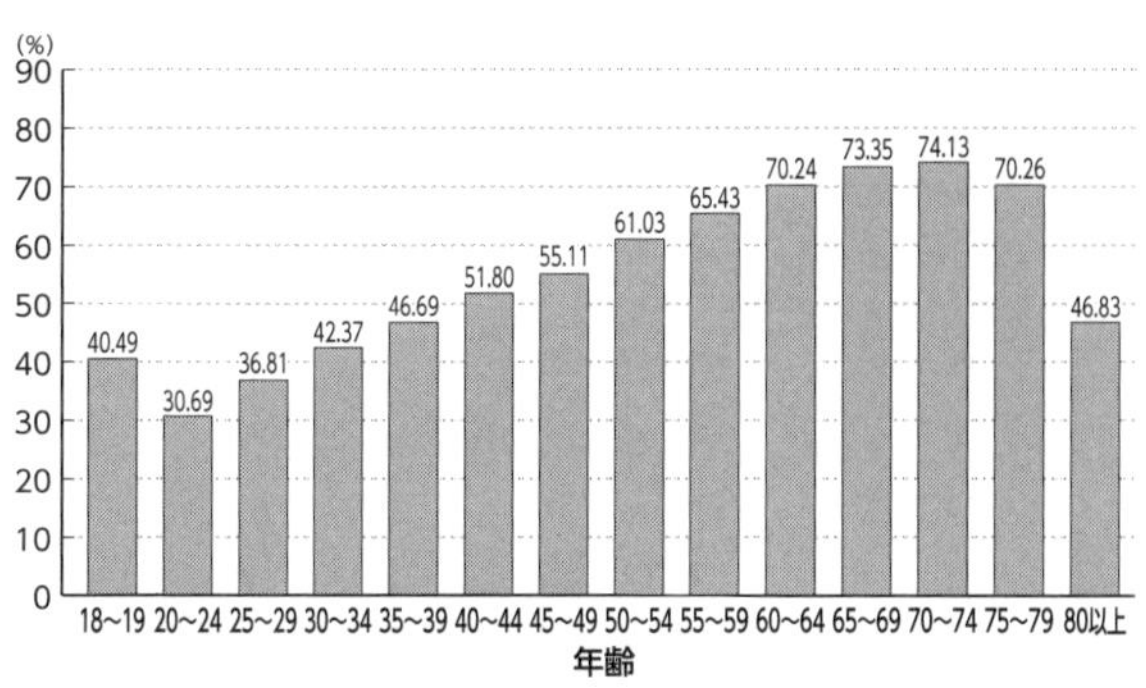

図2-16 若い人ほど投票率が低い

出典：総務省「衆議院議員総選挙（小選挙区）の年代別投票率」（平成29年）
※全国の投票区の中から抽出した188投票区の平均。
※平成29年より選挙権年齢が18歳以上に引き下げとなったため、18歳〜19歳を追加。（当該区分は全数調査）

はますます疲弊し、子どもを育てるどころではなくなり、少子化はさらに加速します。そして、高齢者の権限がさらに強まるという、完全なる負のスパイラルです。日本、詰んでるやん……。

でも、ちょっと待ってください。私たちは本当に国民全員の意見を吸い上げて社会に反映させているんでしたっけ？　誰か、大事な人を忘れているような……？

代表なくして課税なし！
子どもだって物申す！

そう、子どもです！　そして、子どもはこの国の未来の当事者ですよ！　**「代表なくして課税なし」**であるはずなのに、私たちは未成年の許可を取らないまま、負担だけをガンガン押し付けています。うちの娘に銃を持たせたら、革命を起こしてしまうかもしれない（赤ちゃんだけど）。

実は、この状況を打開する一手があるのです。

「こども投票制」です！

アメリカ人の人口統計学者ポール・ドメイン氏が考案した仕組みで、氏の名前をとってドメイン投票制、デーメニ投票制とも呼ばれます。ドイツでは「こども投票権（Kinderwahlrecht）」として知られています。英語の呼び方だといろんな表記があるため、ここではドイツ式を採用します。

これは非常にシンプルな話で、投票権を0歳に引き下げよう！　というもの。ただ、もちろんうちの娘（執筆時点で1歳）が投票できるわけはないので、成人するまでは私たち親権者が彼女の権利を代行します。なお、子ども一人に対して親権者が二人いる場合は、0・5ずつ分割されます（この権利の付与の方法には議論があります）。

こども投票制が実現すると、例えば2007年の日本の有権者の構成が**図2-17**

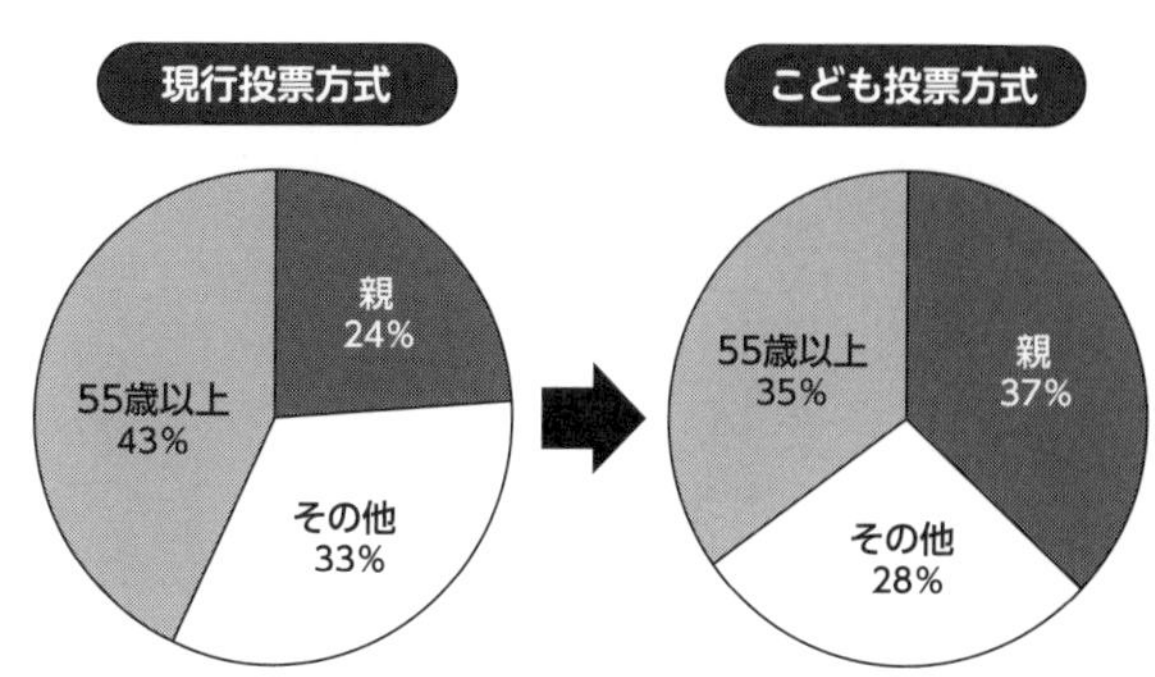

図2-17　こども投票制が実現するとシルバー層と子育て層の有権者数が拮抗する

出典：青木玲子「次世代へのコミットメントに国民的合意を　世代間資源配分の公平を目指す選挙制度の改革」(2011)

のように変化します。年金に対して関心が強まるといわれる55歳以上の有権者数と、子育て層の有権者数が拮抗することになるのです……！　なお、一橋大学の青木玲子教授らの研究では、こども投票制が導入された場合、親たちの投票率が上がる可能性があることが示されていました。

この制度が導入されれば、政治家たちは若い世代の話を聞かねばならなくなります。そうしないと選挙で落ちちゃうから。結果、先にご紹介したような世代間格差は縮小され、僕の娘やその孫も希望の持てる社会になるかもしれない！

いや、もちろんわかりますよ？「これって完全に机上の空論じゃね？」って思いましたよね。でも、実はそうでもないんだな！

民主主義の歴史は、選挙権拡大の歴史

驚くなかれ。このこども投票制、実は日本では子どものいない有権者でさえ44・5％が賛成するというデータがあるのだ！　20歳未満の子どもがいる有権者に至っては、68・2％です（図2－18）。

また、このこども投票制、ドイツではすでに2003年、2008年の二度にわたって連邦議会で議論されています。なお、ハンガリーでは2011年に母親に投票権を2票与えることが国会で検討されました。諸外国では国レベルで本気で検討されているのです。

とはいえ、この制度はまだ世界中どこの国でも実現には至っていません。でも、**民主主義の歴史は、選挙権拡大の歴史でもありました。**暴力革命を伴った場合もありましたが、合法的に実現した選挙権拡大はいくらだってあります。

わかりやすい例は、女性の参政権です。かつて、選挙権とは男性のものでした。有権者（＝男性）にとって、女性に選挙権を与えることにメリットはなかったはず

子どもの票は誰が投票するか?	A 子ども有 (20歳未満) (%)	B1 子ども有 (20歳以上) (%)	B2 子ども無 (%)
こども投票方式に賛成	**68.2**	**31.5**	**44.5**
父親	11.5	4.3	2.7
母親	3.0	0.6	0.6
親が決定	43.3	17.3	26.8
それぞれの親が1/2票ずつ	8.7	6.6	10.9
その他	1.7	2.7	3.5
こども投票方式に反対	**31.8**	**68.5**	**55.5**
計	100.0	100.0	100

図2-18 こども投票制を支持する有権者は多い
出典：青木玲子「ドメイン投票方式はいかに支持されるか　政策と政党に関するアンケートから」(2012)

です。自分たちの権力を弱めるだけですから。ところが、1893年のニュージーランドを皮切りに、20世紀には女性の参政権が続々と認められていきました。それは、有権者である男性が自らの権利を弱めることを、民主的に選択したからです。

それは、当時の有権者(＝男性)が、自分たちだけのメリットを追求していたら、結果的に社会全体が衰退することに気がついたからではないでしょうか(多くの歴史、社会学者は、戦争と選挙権の拡大の関連性を指摘しています。戦争はかつて、基本的に男たちが戦場でドンパチやるものでしたが、20世紀になると、経済や産業を丸ごと巻き込む総力戦となり、女性の力が必要になりました。女性に主体的に社会に参加してもらわないと、戦争に勝てなくなってしまったのです）。

日本の高齢者の皆さまだって、同じではないでしょうか。短期的には自分たちに不利になったとしても、子どもたちや孫たちの未来を思って決断をする人が、きっとたくさんいると思うのです。実際、すでにそういう選択が行われた事例は枚挙にいとまがありません。

かつて男性たちは本気の女性たちを見て、心を動かされたのでしょう。彼女たちとなら一緒にやれそうだ、と。私たちは、高齢者の皆さまに「こいつらになら任せてもいいかな」と思っていただけるよう、頑張らなければいけないと思うのです。

そうやって、民主主義はアップデートされ続けてきたのだから。

第三章

子育ては自己責任？

2019年2月、妻の妊娠が発覚しました。

結婚してからしばらく子どもができなかった私たちにとって、待望の第一子。しかも、女の子。私は男4人兄弟という北斗の拳ばりに壮絶な家庭に育ったので、もう姫になることは間違いなしでした。

そんな、とても幸福な妻の妊娠でしたが、ひとつだけ、頭を悩ませることがありました。お金です!! 想定以上にかかり過ぎぃ……!!

もちろん、無料で子どもが産めるなんて思ってなかったです。でも、「出産にお金は一時的にかかるけど、それは最終的に行政から戻ってくるから大丈夫」的な噂を、なんとなく真に受けていたのです。だって、これだけ少子化だなんだと騒いでるんだし、きっと政治家の皆さまがなんらかの手を打ってくれてるのかなって……。

「出産にかかる費用は最終的に補助金で戻ってくるから大丈夫★」が完全に都市伝説だった件について

最初に驚いたのは、産婦人科の初診です。妊娠が確定してホクホク気分で受付に向かうと、本日のお会計額、8300円也……。「まあ、初診だし、次からは安くなるだろう！」そう思って、かなりダメージはあったけど、そんなには気にしませんでした（保険適用外っていうのは、まったく解（げ）せませんでしたが）。

実際、2週間後の再診では少し安くなって3540円。うーん、まぁ、まぁ……。その後に役所で母子健康手帳を交付してもらった時、一緒に**「妊婦健康診査受診票（いわゆる妊婦補助券）」**をもらいました。

「なーんだ。妊婦補助券を使えれば、次から健診は無料みたいな感じになるんだ。よかった～。なんだかんだ言って、現役世代を応援してくれてるんだ。安心！」

そんなふうに思って出向いた3回目の健診は、8730円。……なんでよ！　補助券使ったじゃん!!　と、診療明細をガン見すると、2万2980円かかるはずだった総額から1万4250円が引かれた結果の、8730円。

お、おう……。ありがたい……。ありがたいが……。税金で補助してもらっておいて文句を言うのは気がひけるのですが、けっこうダメージでかいです、これ。その後も、**図3-1**の通り、補助券を使っても、着実に財布にダメージを与えていく妊婦健診。さながら家計へのボディブロー。

結局、うちの場合は妊娠から出産まで15回通って、合計8万1730円になりました。平

日付	回数	受診料（保険適用）	受診料（保険適用外）	妊婦健診補助券	支払額
3/2	1回目		¥8,300		¥8,300
3/16	2回目		¥3,540		¥3,540
4/6	3回目		¥22,980	¥14,250	¥8,730
5/18	4回目		¥11,640	¥5,070	¥6,570
6/15	5回目		¥10,370	¥10,370	¥0
7/13	6回目		¥7,300	¥5,070	¥2,230
7/27	7回目		¥13,410	¥5,070	¥8,340
8/10	8回目	¥200	¥9,370	¥5,070	¥4,500
8/24	9回目		¥7,300	¥5,070	¥2,230
9/9	10回目		¥7,300	¥5,070	¥2,230
9/24	11回目		¥10,900	¥5,070	¥5,830
10/2	12回目		¥11,010	¥5,070	¥5,940
10/7	13回目	¥200	¥14,100	¥5,070	¥9,230
10/15	14回目		¥12,100	¥5,070	¥7,030
10/21	15回目		¥12,100	¥5,070	¥7,030

平均	¥5,449
合計	¥81,730

図3-1　妊婦健診が筆者の家計に与える影響は大きい
筆者作成

均すると、毎回5449円。ぐふぅ……。

みんな、こんなに妊婦健診でダメージを受けてるのか……？　と調べてみると、都道府県や地域によって妊婦健診の公費負担額がかなり異なることがわかりました（**図3-2**）。全国平均は10万2097円。私が住んでいる東京はというと、8万6657円。全国平均より約1万5000円も少ないいんですね……。とほほ。東京都議会議員の皆さま、もうちょっと、なんとかならないでしょうか。

ちなみに、たまひよnet「先輩ママデータ」の調査によると、**妊婦健診の助成制度を活用後の自己負担額はトータルで平均約5万8000円です**（ちなみに、これは妊娠が順調な場合の額で、トラブルがあるともっと高くなります）。正直きついけど、新しい命を迎えるためだ！　歯を食いしばる他あるまい。でも、他のところはもう大丈夫だよね……？

しかし、そんなに甘くはないのであった。病院で出産する場合、妊婦さんは入院をする必要があります。私たちが利用した病院では、**まずその入院の予約金として、妊娠30週までに15万円を一括で支払わねばなりませんでした**（病院によって異なります）。特段豊かではない我が家の家計にしてみたら、これはもうボディブローどころか、一発KO級の右ストレートです。でも、あれよね？　これはよく世間で言われている通り、後々、全額かえってくるのよね？

[公費負担額]

都道府県名	市区町村数	公費負担額(円)(平均)
北海道	179	95,421 (注)
青森県	40	118,920 (注)
岩手県	33	105,036
宮城県	35	108,380
秋田県	25	118,704
山形県	35	102,400 (注)
福島県	59	111,278 (注)
茨城県	44	98,700 (注)
栃木県	25	95,000
群馬県	35	98,730
埼玉県	63	100,800
千葉県	54	93,461
東京都	62	86,657
神奈川県	33	69,644
新潟県	30	118,375 (注)
富山県	15	103,880
石川県	19	117,105
福井県	17	101,250
山梨県	27	89,808
長野県	77	116,439 (注)
岐阜県	42	119,570
静岡県	35	92,800
愛知県	54	107,149
三重県	29	110,110

都道府県名	市区町村数	公費負担額(円)(平均)
滋賀県	19	106,802 (注)
京都府	26	91,027 (注)
大阪府	43	114,631
兵庫県	41	91,238 (注)
奈良県	39	96,303 (注)
和歌山県	30	92,190
鳥取県	19	94,450
島根県	19	108,088
岡山県	27	102,831
広島県	23	93,511
山口県	19	119,029
徳島県	24	114,440
香川県	17	114,600
愛媛県	20	90,630
高知県	34	110,380
福岡県	60	102,208
佐賀県	20	101,440
長崎県	21	100,532
熊本県	45	100,820
大分県	18	93,800
宮崎県	26	103,276 (注)
鹿児島県	43	102,943
沖縄県	41	99,100
合　計	1,741	102,097 (注)

（注）公費負担額が明示されていない市区町村は除く

図３-２　妊婦健診の公費負担額は地域差が大きい

出典：厚生労働省「妊婦健康診査の公費負担の状況に係る調査結果について」（平成29年）

結論からいうと、これもＮＯでした。

私たちが利用した病院では、予約金も含めて、最低57万２７５０円が入院出産にかかる費用。で、行政が出してくれる「出産育児一時金直接支払制度」によって、42万円はかえってくる。**つまり、差し引き15万２７５０円は完全持ち出しの実費です。**

しかも、これは先述した通り最低限の金額です。お産が通常開院時間の９時〜17時以外になった場合、１万５０００円の時間外料金が追加。深夜、休日になるとさらに１万５０００円追加。これはもう、完全に運です。**これから生まれてくる子どもに「できたら時間内で頼む（切実）」なんて言っても、聞いてくれるわけはありません。**さらに、どういうわけか、初産だと問答無用で出産経験者より１万円も高い。

なお、出産費用も都道府県によってかなり事情が違うようです。東京都は平均値で62万円。中央値でも58・６万円かかっています（**図３-３**）。我が家にかかった費用は、東京都の平均値とほぼ一致。つまり、普通に出産すると、42万円では全然足りないんです！

これはキツイ。本当にキツイです。でも、あえていいますが、我々夫婦は世間的にはかなり恵まれた環境にあります。夫婦ともに正社員だし、妻の実家のすぐ近くに住んでいるから何かとご両親のサポートがあるし。でも、こんな状況でもキツイのです。じゃあ、派遣社員は？　フリーランスは？　自営業者は？　シングルマザーは？　言うまでもなく、出産は子

正常分娩分の平均的な出産費用について(平成28年度)

○妊婦合計負担額の平均値、中央値(病院、診療所、助産所の合計)

(単位:円)

都道府県	平均値	中央値
北海道	443,271	442,018
青森県	435,414	435,620
岩手県	458,235	454,700
宮城県	535,745	528,876
秋田県	449,260	452,615
山形県	501,400	498,670
福島県	478,965	483,240
茨城県	520,995	513,980
栃木県	543,457	546,365
群馬県	510,156	502,005
埼玉県	531,609	522,660
千葉県	512,087	506,450
東京都	621,814	586,000
神奈川県	564,174	558,440
新潟県	496,624	496,418
富山県	476,145	471,740
石川県	464,241	465,640
福井県	469,145	465,995
山梨県	490,763	489,720
長野県	507,281	506,090
岐阜県	482,591	485,660
静岡県	499,655	496,750
愛知県	515,973	513,530
三重県	500,677	497,025
滋賀県	490,049	489,410
京都府	482,787	481,195
大阪府	506,407	505,060
兵庫県	513,036	513,164
奈良県	479,807	489,000
和歌山県	457,498	461,485
鳥取県	396,331	398,130
島根県	477,777	480,500
岡山県	491,196	484,180
広島県	486,554	484,600
山口県	432,422	425,270
徳島県	476,150	468,420
香川県	463,325	462,730
愛媛県	466,192	465,660
高知県	435,241	432,100
福岡県	473,420	468,900
佐賀県	438,341	438,400
長崎県	452,472	453,840
熊本県	415,923	420,000
大分県	430,141	427,155
宮崎県	428,157	426,879
鹿児島県	443,213	444,060
沖縄県	418,164	418,100
全国平均	505,759	493,400

図3-3　出産費用も地域差が大きい

出典:公益社団法人国民健康保険中央会「正常分娩分の平均的な出産費用について(平成28年度)」

育てというタフなライフイベントの序章に過ぎません。経済的な試練は、ここからが本番だというのに……！

そうとは知らず、〝弱者〟になっていた私

本件に強い問題意識を持った私は、早速ｎｏｔｅで記事を書きました。「出産費用が高すぎる！」と。「ほんとこれな！」とか「早くなんとかしないと！」といったような共感の声を期待していました。

実際、本当に多くの方からそのような反応をいただきましたが、予想外のコメントもたくさんありました。曰く「どーせセレブな病院で産んだんだろ」（近所の普通の病院です）とか、「個室にしたんだろ」（6人部屋でした）とか……。中でもグサッときたのは、**「勝手に産んだんだから、文句言うな。自己責任でしょ」**でした。

私は2ちゃんねる勃興期（ぼっこうき）にネットにどっぷり浸かっていた人間なので、普段ならこうした反応は華麗にスルーなのですが、この時は引っ掛かりました。**妊娠出産は、子育ては、自己責任。**こういう考え方が世にあることは理解はしていましたが、実際に言われると、思っていた以上に寂しいものだなぁ……。

しかし、これは世の**「子育ては自己責任論」**を思い知る、まさに序章に過ぎなかったのでした。

育休中、私は、絶対に忘れられない体験をしました。会社に用事ができ、同僚への挨拶も兼ねて、2カ月になった娘を連れて電車で移動した時のことです。

地元から都心に出て、乗り換えようとした地下鉄は、少し混んでいました。でも、ベビーカーではなく抱っこ紐だったし、娘の機嫌もよかったので、まあいいかと乗車しました。しかし、10分ほどが経った頃、駅に着く前に電車が止まったのです。先の駅で、乗客が線路に物を落としたとのアナウンス。それならそんなに時間がかかるものでもなかろうと、ぼけ〜っとしていたその時、娘が突然カナキリ声で泣き始めました（娘の泣き声は、4人の男子を育てあげたうちの母が驚いたレベルです）。

それまでスマホやら本やらに落とされていた周囲の人々の視線が、一斉にこちらに集中しました。こんなに焦ったのは、36年（当時）の人生でも、そうありません。どうにか娘を泣き止ませようとしましたが、無駄でした。今なら、たまごボーロとか、ロッテカフカのYouTube動画（なぜか泣き止む）とか、色々仕込んでいたでしょうが、ワンオペ電車初体験だった私には、そんな知恵はありませんでした。

電車は、動きません。娘は、泣き止みません。「泣きたいのはこっちだよ（涙）」と思いながら、娘をあやします。でも、娘はエキサイトする一方。実際にはほんの数分でしたが、この時の自分には永遠に感じられました。漫画・ドラゴンボールの「精神と時の部屋」が、顕(けん)現(げん)しようとは……（精神と時の部屋は、外の世界と時間の流れが異なる異空間。部屋の中の1日は、外の世界の4分に該当する）!!

あまりの精神疲労に髪が全部真っ白になるのではないかと思い始めた頃、電車が動き始めました。「よかった！　次の駅で降りて娘を落ち着かせよう……」と思った矢先のこと。「チッ」という舌打ちが背面から聞こえました。振り返ると、ビジネススーツを着た中年男性がこっちを睨(ね)めつけていました。目が合うと、もう一度「チッ」と舌打ちをしました。

普段なら、笑顔でスルーする案件です（心の中で悪態をつきながら）。でもこの時は、娘の連日の激しい夜泣きによる寝不足で、精神的にとても参っていました。そんな、ただでさえ虫の息だった心に、この舌打ちが見事にトドメを刺してくれました。まさに、泣きっ面に蜂。じわっとこみあげてきた涙を、必死に堪えました。この場に妻がいなくて、本当によかった。こんなの、つらすぎる。どうしてこんな目にあわないといけないんだろう。

子どもと一緒に、電車に乗っただけなのに。
私は、人様に舌打ちされるようなことをしているのだろうか。

暗澹たる気持ちで次の駅で下車し（目的地までまだ遠い）、いったん娘を落ち着かせました。泣き止みはしたけど、まだ機嫌はよくなさそう。そうこうしているうちに、次の電車が来ましたが、また娘が泣き叫ぶかもしれないと思うと、足がすくんでしまいます。迷っているうちに、電車は行ってしまいました。

ガタンゴトンと過ぎ去る車両を呆然と見つめながら、ふと、社会学者の上野千鶴子氏の言葉を思い出しました。

「女性は、出産・育児をしはじめた途端に、弱者になる」

そうか。私は、そうとは知らず弱者になっていたんだ。これまでママたちが味わってきた理不尽のほんの一部を体験したのか。うん。これは、控えめに言って、最低の気分だ。

子どもに何かあったら、問われるのはママの責任

とはいっても、たかが舌打ちです。これだけ多くの人がいる社会、考え方も十人十色なわけで、子育てに対して冷ややかな考えをお持ちの方もいらっしゃるでしょう。いちいち気にするだけ損かもしれません。しかし、日本の場合、この「子育てに対する冷ややかな考え」はただの雰囲気ではありません。私たちの生活に具体的な影響を及ぼす政治にまで浸透しています。例えば、こんなニュースです。

> 待機児童の解消に向けた政府の新たな計画作りで財源探しが難航している。（中略）財務、厚生労働両省を中心に児童手当の見直しによる財源捻出も検討している。たとえば所得制限の基準を超える高所得者への月５千円の特例給付を廃止・縮小する案がある。妻が専業主婦で子ども２人の世帯で年収９６０万円以上が対象になる。
> （日本経済新聞、２０２０年11月7日朝刊『児童手当など見直しも　待機児童解消へ財源探し』）

もう、怒りを通り越してグッタリしてしまいました。児童手当を削減といっても「高所得者」が対象なのだから、そんな目くじら立てなくても、と考える方もいらっしゃるかもしれませんが、960万円というのは、共働きで夫婦が同額を稼いでいる家庭であれば、一人あたりの年収は480万円です。今回の政府の検討案では、給付金の廃止対象は子育て世帯の実に25%に及びます。子どもが一人なら年間6万円、二人なら12万円の減収です。これは我が家の家計には大ダメージです。しかも、その理由が「待機児童の解消」とな……？

第二章でご紹介した通り、日本はただでさえ家族関連支出（子育て世帯に対する政府の財政的支援）が、対GDP比で先進国最低レベルです。そしてこれが、日本の深刻なジェンダーギャップ（＝少子化の原因）が改善しない理由のひとつでした。なのに、支出額を増やすどころか、同じ子育て世帯の支援メニューの中でやりくりするってどういうこと？　しかも、待機児童という保護者のキャリアを根こそぎ奪う可能性のある深刻な問題の財源、まだ確保してないんかい……！

その後、本件は子育て世帯からの強い反発を受け、2020年12月に「夫婦のうち高い方の年収」が1200万円程度以上の世帯を対象とすることに変更されました。最初は夫婦二人の年収の合計で議論されていましたが、「夫婦のうち高い方の年収」基準に変更され、手当が削減される世帯は減りました。やっぱり、おかしな制度に対し、声をあげるのは大事ですね！　とはいえ、家族関連支出の削減には違いありません。

政策は、政府から国民への雄弁なメッセージです。政府は私たちにこう言っているのです。

「もうお金なくて面倒見切れないからさー、自分たちでどうにかして」

しかし、どうにかならなかったら、どうなるのでしょう。保育園に入れなかったら？　仮に入れても、ものすごく遠かったら？　延長保育がなかったら？　そもそも、子どもが病気がちで保育園にまともに預けられなかったら？　そのために会社にいることが難しくなったら……？

これらは、実際に多くの子育て世帯で起きている現実です。その埋め合わせを引き受けているのは、大抵の場合、ママです。ママたちが時短勤務にしたり、時には退職したりして、家事育児を一手に担っています。**政府が財政支出をケチったツケは、「無償ケア労働」という形で、ママが支払っているのです。財政の節約は結構ですが、家族関連支出の削減は、単に負担をママに押し付けているだけです。**

無償ケア労働とは、家庭で行われる家事・育児・介護等のこと。第一章でもご紹介しましたが、日本のママの無償ケア労働は、他国と比較して圧倒的に負担が大きいのです。一方、

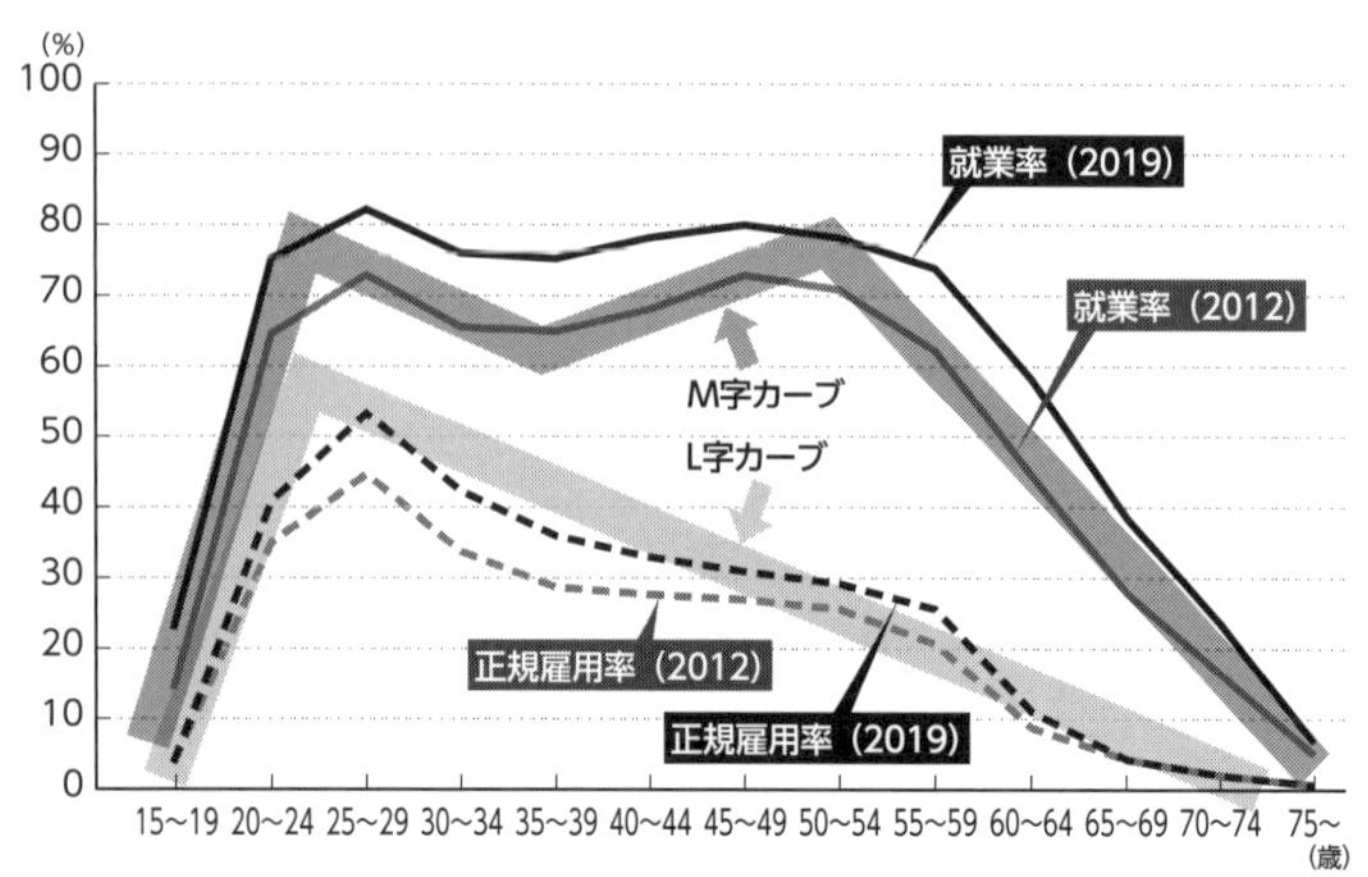

図3-4　女性の正規雇用率は年齢と共に下がる

出典：総務省「労働力調査」

日本のパパの負担は圧倒的に少ない……（その分、有償労働時間が長い）。

一方で、最近のニュースなどでは、女性の就業率の上昇が伝えられています。つまり、働く女性が増えている、と。確かに、いわゆる**「M字カーブ」**（**図3-4**の上のグラフ）は近年、改善してきました。結婚、出産を機に専業主婦になる女性は、どんどん少なくなっています。

しかし、同じ**図3-4**の下のグラフでわかるように、フルタイムでの就業継続は、変わらず困難な状況が続いているのです。この現象を**「L字カーブ」**と呼びます。20代から、ジリジリと正規雇用率が減少しているのがわかりますよね。この、徐々に雇用率が下がっていく様が、本当に切ない。どうにかキャリアを維持しようと頑張ったけど、一人、また一人と、バタバタ力尽きていくママたちを見ているようです。

厚生労働省の「コース別雇用管理制度の実施・指導状況」によれば、１９９５年に総合職を採用した企業のうち、10年後に一人も女性総合職が残っていない企業は、なんと、４割に達します。２０１０年度の調査でも、２０００年度採用の女性総合職は10年で65・１％が辞めています。

もちろん、自由度の高い働き方を希望してキャリアチェンジをした人もいますが、その理由の多くが「子育てとの両立」です。そして、会社の中でキャリアアップを望んでいたママたちは、この状況をどうにかしようと、あらゆる手を打ってきたのもまた事実です。ベビーシッター、延長保育をやっている無認可保育所（とても高額）、病児保育……等々、身銭を切って、どうにかキャリアを維持しようとしています。

しかし、そんなママに対する社会の目は非常に冷ややかです。陰に陽に「子どもがかわいそう」なんて言葉爆弾を炸裂させる人もいます。ママたち自身も悩んでいます。国立社会保障・人口問題研究所が結婚経験のある女性を対象にした「全国家庭動向調査」によると、**「自分たちを多少犠牲にしても、子どものことを優先すべき」への賛成割合は、２００８年の第４回調査で81・５％。１９９３年の第１回調査（72・８％）から毎回上昇しています。**

そんな世間からの圧力と、自身の母としてのあるべき姿とのギャップに晒され、ママたちはキャリアアップの望みを諦めていきます。「そこまでして……」とつぶやいて。

家庭進出したパパには、世界が一変して見える

女性の多くは、出産育児を機に、まさに人生が一変します。子育てはママがやるべきという社会からの圧力（そのくせ、サポートはわずか）に直面し、一つ一つ、本当はやりたいと思っていたことを諦めていきます。「しょうがないよね。私は、お母さんなんだから」と、つぶやいて。

一方、男性はどうでしょうか。子どもが生まれても、雇用形態も、労働時間だって基本的には変えないケースが大半です。キャリアアップを諦める人はそう多くはないでしょう。これは、第一章でみた通り、やむを得ない部分もあります。だって、社会がそうさせてくれないのだから。

私だって「家事育児は夫婦で5：5です（キリッ）」なんて言ってますが、それができるのは、日本でも有数の子育てに理解のある職場にいるからこそです。夜遅くまで家族のために働いているパパに後ろ指をさして、悪者扱いするなんて、できません。

でも、だからこそ、少なくとも！　私たち男性は、女性たちの置かれている境遇に思いを致し、想像力を働かせないといけないと思います。私は育休とその後の子育てを通じて、ママたちが受けてきた不条理のほんの一端を体験しました。**公共交通機関は使いづらくなるし、どんな緊急案件が来ても定時帰りは死守しないといけないし**（そして、子どもを寝かしつけてから作業再開）、**どういうわけか、重要な会議がある時に限って子どもが熱を出したりして欠席しないといけなくなるし、極め付けには子どもの風邪をうつされるし……!!**

こんな状況では、サービス残業が常態化している日本の企業でキャリアを積むなんて、ほとんどミラクル……。

それなのに！　日本のジェンダーギャップに言及し「女性の役員、管理職が少ない」と言うと「女性の意欲がないから」と言い放つ人は少なくありません。実際、厚生労働省の「平成26年度雇用均等基本調査」によると、従業員30人以上の企業で、女性の活躍を推進するうえで必要な取り組みは何かと問われると「女性のモチベーションや職業意識を高めるための研修機会の付与（38・1％）」が上位にきます。つまり、企業は自社の体制や社会的圧力よりも「女性のモチベーションや職業意識が低いこと」を問題視しているわけです。確かに、女性が男性に比べて役員や管理職を志望する割合が低いことを示すデータはたくさんあります。では、どうして、女性の意欲は低いのでしょう。

私にはわかります。だって、無理なんだもの。

きっちり定時であがって家事育児もガッツリやりながら役員や管理職になっている人は、奇跡のスーパーウーマンなのです。長時間勤務がベースの職場において、子育てを担う人たちは、そうでない人と同じ土俵にすら立てない。私だって、今の家庭環境で、サービス残業上等のオラオラ企業に転職して管理職を目指せるかと問われたら、やっぱり「無理です」と答えます。「意欲がない人」認定されるに違いありません。

実際、三菱UFJリサーチ&コンサルティングが2015年に公表した「女性管理職の育成・登用に関する調査」では、配偶者の家事・育児・介護時間が長いほど、女性の昇進意向が高いことが明らかにされています。まあ、こんなの、ママたちからしたら「当たり前だろ!」ってデータです。

本書のテーマである「男性の家庭進出」は、単に家事育児を頑張ってやる、ということだけではありません。その真の意味は、社会に向ける視点のアップデートです。

男性本位の視点や、ビジネスパーソンの視点でしか社会を見られないと、女性の管理職比率が低いことを、女性の自己責任だと勘違いしてしまいます。これは、あまりにも近視眼的であり、課題の本質を見誤っています。家庭から社会を眺めると、これまでとはまったく異なる景色が見えます。ビビるほどに。

私たちの社会を、みんなにとってより良くするには、まずはこの男性の認知の歪みの是正が第一だと思います。そしてその起点は、ママと同じ体験をすることではないでしょうか。

「子どもはママが一番！」なのは「ママの子育て時間が一番長い」から

一方で、誠に僭越(せんえつ)ながら、ママたちに申し上げたき儀もございます。親としてまだまだ駆け出しの身ではございますが、家庭進出を通じて視点をアップデートしてみると、これまではまったく気にならなかったママたちのある言葉に、違和感を覚えるようになりました。

「だって、**お母さんだから**」的なやつです。育児の負担がママに偏っている原因を彼女たち自身が説明すると、だいたいこのひとことが出てきます。

もちろん、我が家でも私より妻の方が得意なことなんて数限りなくありますが、それは私が父親だからではなくて、私個人の特性によるものでありますし、逆をいえば、私の方が妻より得意なことだってあります（すこしくらいは！）。

ジャーナリスト・中野円佳(なかのまどか)氏の『「育休世代」のジレンマ～女性活用はなぜ失敗するの

か？』（光文社新書）では、社会と家庭との間で葛藤するママたちの綿密なインビューを元に、興味深い分析がなされています。その中に、とてもリアルなママたちの声が掲載されていたので、引用してみます。

私はもう母親で、夫にはできない役割をやらないといけなくて、そこにいろんな差が絶対的に生まれるんだってのを納得させるのが大変だった。なんで私だけ、って。「調査者：でも、母親でないとできないのは母乳をあげるくらいでは？」うーん、どっかでやっぱり縛られてるんだと思う。女の役割とか、母親がやるべきとか。

（中野円佳『「育休世代」のジレンマ〜女性活用はなぜ失敗するのか？』）

また、子どもが皮膚の病気になったママは、こんな話をされています。

肌のケアも私が入院しているときに指導受けて、おじいちゃんおばあちゃんだとちょっと心配というか、薬の塗り方とかも、私がずっとしてるので、（おじいちゃんおばあちゃんに塗り方を）教えればいいんですけど、でもまぁいろいろ難しい点があって。

（同）

子育ての責任をママだけに押し付ける社会のイケてない風潮があるとはいえ、ママたち自身も、自分を母親の役割に縛っているシーンが多いように感じます。でも、この本で調査者が指摘していたように、本当に母親にしかできない育児タスクは、母乳をあげることくらいなはずです。

このママたちの強すぎる責任感の根拠のひとつとなっているのが、**ママと赤ちゃんの愛着関係**です。巷でもよく聞きますよね、「結局、ママが一番」。

子どもと母親は強い精神的な繋がりを持ち、それは子どもの健やかな成長に必要不可欠、という考え方です。長く、**世間ではこの繋がりは父親には形成できないと考えられていました。**科学界の権威ですら、長らくそう主張していました。

でも、曲がりなりにも妻と5：5で家事育児を担当してみると、娘は妻と同じように私のことも好きでいてくれるように感じるし、妻がいないと立ち行かないなんてことはありません（私がヘマしてテンパることはいくらでもありますけども）。赤ちゃんは、父親とだって愛着関係を形成できるんじゃないのかなぁ。

この、私のパパとしての素朴な感覚を科学的に立証してくれたのが、ハーバード大学の心理学者ミルトン・コテルチャック氏です。彼はある実験によって、愛着関係が本当に父親と赤ちゃんの間に形成されないのか、確かめてみました。

内容をざっくりご紹介しますと、この実験は赤ちゃんがいる部屋に、母親、父親、そして他人に出入りしてもらい、その時の赤ちゃんの反応を観察することによって、愛着関係が形成されているかを確認するものです。

結果をみると、まず、両親と他人との間には、赤ちゃんの反応に明確な差がありました。さらに両親に対する反応を比較すると、父親よりも母親の方に好反応を示す赤ちゃんが多数派でした。

しかし、割合は少ないとはいえ、父親に対しても母親と同じくらい、ケースによっては母親よりも好反応を示す赤ちゃんもいました。そして、好反応を示された父親は、日常的に母親と同じくらい育児にコミットしていたことが判明します。

つまり、愛着関係というのは、生物学的に母親と赤ちゃんの間にしか形成できないものではなく、育児をフェアに分担すれば、父親との間にも築かれるのです。母親にしか愛着関係が築けないと考えられてきたのは、母親が育児をしていたからです。結果論なんです。

「夫も親も頼れない！　私がやらなきゃ！」と感じてしまうママたちの気持ちはよーくわかるつもりです。でも、だからといってママが育児のほとんどを引き受けてしまうと、子どもは「ママじゃなきゃイヤだ！」となり、ますますママの負担が増してしまいます。何度でも言いますが、育児に関してママにできてパパにできないのは、母乳をあげることくらいのものです。それ以外のことは、なんだってシェアできます。健康な大人であれば、やれないはずがありません。できないことがあるとすれば、それはママパパの性差ではなく、単にやる気の問題です。

家事育児の負担が重すぎると感じた時は、「だって、お母さんだから」と無理に自分を納得させず、ひと呼吸して考えてみるといいかもしれません。父親に育児ができないはずなんて、ないんです。

「人に頼る壁」を越えてみる

そうはいっても、長時間労働の夫が物理的に家にいない、頼れる親がいない、そもそも配偶者がいないなどの事情がある場合は、社会のサービスを頼るのも手です。まだまだ不十分ではありますが、保育園の一時利用や、行政が一部を負担してくれるベビーシッター制度、行政が比較的安価で提供するファミサポ（ファミリー・サポート・センター）、子どもが風邪を引いた時のための病児保育室などの選択肢もあります。

そして、私たちフローレンスが２００４年の創業以来やってきたのが、月額会員制の自宅訪問型病児保育です。子どもが熱を出した時に、病児保育スタッフがご自宅に伺って1対1でお預かりするというサービスで、当日朝8時までの依頼で100％対応可能です（当日朝8時までの依頼に応えられなかった場合はガイドラインにそって月会費を返金）。

私も何度か、自宅病児保育の現場に同行したことがあります。基本的に初対面にもかかわらず、子どもたちと一瞬で打ち解けて仲良く遊び、そして、看病するスタッフの姿は本当に頼もしく、心底リスペクトしています。

手前味噌ながら、そんな素晴らしいサービスなので、私は知り合いのママパパが「子どもが急に熱を出して会社を休まないといけなくなって……」という話を聞く度に、必ずこの病児保育サービスを紹介してきました。

「すごい！　いいね！」という反応が多い一方で、「そこまでして……」という反応もあります。子どもが風邪の時くらい親が看る「べき」なのではないか、と。これはもちろん、個人の価値観の問題でもありますから、私がとやかくいうことではありません。でも、もしそれが社会からの「子どもは親が看るべき」という〝常識〟に端を発するものであるなら、そして、そんな〝常識〟のせいで仕事や生活に深刻なダメージが発生し、かえって家族を窮地に追い込んでしまうものなら、ちょっとだけ立ち止まって、家族みんなにとって何がベストか、考えていただきたいのです。

ある病児保育スタッフから聞いた話が、私にはとても印象に残っています。

「初めてサービスを利用する保護者の中には、不安を隠せない方もいます。『保育園に慣れるのも時間のかかった子なのに、体調が悪い日に、初対面の大人と1対1でなんて大丈夫かな……』って。スタッフに子どもを預けながらも、心配そうな顔で出勤されるんですよね。

でも、仕事から帰ってきたとき、とても驚かれます。スタッフと楽しそうに遊ぶ子どもの笑顔を見て、涙を浮かべる人もいます。これが『**人に頼る壁**』**を越えた瞬間**。『人に頼っても大丈夫なんだ』という発見と、『自分が全部やらなければ』という張り詰めていた心の緊張が少しだけほぐれる瞬間なんです」

もちろんこれは、病児保育に限ったことではありません。通常のベビーシッターサービスでも、そして保育園でも、同じような体験をした方は多いんじゃないかなぁ。私も、そうでした。初めて娘を保育園に預けた時、すっごいソワソワしました。泣いてないか、寂しがってないか、もっと早く迎えに行った方がいいんじゃないか……。でも、いざお迎えに行くと、お友達と楽しそうに遊んでいる娘の姿に驚き、逆にちょっと寂しかったくらいです。

人類の歴史を振り返ると、子育てを担っていたのは親を含むコミュニティです。地域の繋がりが希薄化し、子育てのすべてを親だけで引き受けるようになったのは、つい最近のことです。子育てを親だけでやるなんて、そもそも無理なんです。家族はもとより、友人知人、

行政や民間が提供する子育て支援サービスを通じての第三者など、みんなで支え合って子育てできたらいいなと思うのです。

「親子への投資」は子どもがいない人にもメリット大！

だからこそ！　みんなで支え合って子育てできる仕組みを社会が整えることが重要だと思うのですが、すでに何度も触れている通り、日本はこの家族関連支出が少なすぎる！　ちなみにこれは、親子のためだけに言っているのではないです。社会全体にとっても、メリットがありまくり。なぜなら、めっちゃペイする投資だから！

それを端的に証明しているのが、ノーベル経済学賞を受賞したジェームズ・ジョセフ・ヘックマン教授の研究「ペリー・プレスクール・プロジェクト」です。就学前の子どもに対して良質な成長環境を提供し、研究対象とした子どもを40年間（！）追跡調査することで、大人になってからの社会参加や生活環境に幼児期の教育がどう影響するのか調べています。

この研究によれば、就学前の子どもに対して良質な成長環境を提供することは、1ドルの投資につき12・9ドル、なんと約13倍ものリターンがあるとしています。内訳は、社会人になってからの納税額の増加や、生活保護率の低下、犯罪コストの低下、等々です。

当プロジェクトは低所得世帯を対象に、質の高い保育プログラムを実施したものです。平均的な所得水準の世帯を対象とした場合は、リターンは相対的に減少するでしょうが、それでもやはり、高い投資対効果は見込まれると思われます。

なぜかというと、この期間にだけ、子どもの**「非認知能力」**を育むことができるから！

非認知能力とは、ひとつのことに粘り強く取り組む力や、内発的に物事に取り組もうとする意欲などを指し、近年、教育分野で関心が高まっています。様々な研究によって、これまで重視されてきたIQや学力といった「認知能力」より、子どもがより良い人生を歩むうえで影響力が大きいのは非認知能力であることが明らかになってきているのです。

では、この非認知能力はどうすれば身につけられるのでしょう？　「能力」というくらいだから、算数や理科みたいなノリで、子どもに具体的なスキルを教えればいいのでしょうか？　残念ながらそうではなく、非認知能力は「やり抜く力」とか「好奇心」「自尊心」といった、いわば性格的な要素で構成されています。「好奇心ドリル」みたいなものをやったら好奇心が身につく、なんてことはありません。

この点については、ポール・タフ氏の著書『私たちは子どもに何ができるのか〜非認知能力を育み、格差に挑む』（英治出版）が詳しく解説してくれています。この本によれば、**「非認知能力は、子どもを取り巻く環境の産物」**です。詳しく知りたい方は同書を手にとっていただくとして、本当にざっくりまとめますと、非認知能力の獲得に必要なのは、未就学期間の**「大人との温かいやりとりが成立する環境」**です。

「え？　それだけ？」と思った方、いますよね。細かいことを言うと色々あるのですが、基本はそれだけです。**でも、これが今、日本では当たり前ではないんです。**第一章でご紹介した通り、現在ママパパの約10％は産後うつになっています。私もギリギリのところまでいったのでわかりますが、この状況で子どもとの「温かいやりとりが成立」するのは難しいと言わざるを得ません。

さらに、平成28年の「国民生活基礎調査」によれば、**日本の子どもの14％、実に七人に一人が、貧困ライン以下の生活をする「相対的貧困」です。1クラス三十人の学校なら、そのうちの四人ほどが苦しい環境で生活していることになります。**

貧しい家庭がすべて「大人との温かいやりとりが成立する環境」ではない、とは限りませんが、貧困家庭は複雑な問題を抱えているケースが多いのです。栄養不足、非衛生的な住居、精神疾患、ＤＶなどで、大人自体が追い詰められています。私たち認定ＮＰＯ法人フローレンスは「子どもの貧困」を解決するべく様々な事業を展開しているため、そうした現場を何度も目の当たりにしています。

先述の「ペリー・プレスクール・プロジェクト」のヘックマン教授の研究によれば、裕福な家庭の子どもたちと貧困家庭の子どもたちとの学習到達度の差は、５歳になる前に開きます。貧困家庭の子どもたちは、「学習」のベースともなる非認知能力が相対的に低いためです。そして、多くの場合、その差は幼稚園から高校卒業まで開いたままです。

子どもの貧困は、その子の一生の財産となる非認知能力を獲得する機会を永久に奪う可能性があります。そして、非認知能力を育む機会を逃した子どもは、成人後に仕事や生活面でもあらゆる機会を失う可能性が高くなり、貧困から抜け出しにくいのです。これが、世にいう「貧困の連鎖」です。**日本財団・子どもの貧困対策チームは、こういった子どもの貧困を放置すると、日本で年間40兆円の社会的損失があると試算しています。**

この状況を「子育ては自己責任！」と放置したら、誰にとっても損です。それより、子どもがどんな家庭で生まれても、健やかに成長できる環境を、社会が用意した方が得なんです。親子を徹底的にサポートする仕組み、つくりましょうよ。同じ家族関連支出のなかでチマチマやりくりしてる場合ぢゃない!!

自己責任大国、ニッポン

しかし、この国は子育てに限らず「自己責任論」がとても強い国です。ひとり親で歯を食いしばりながら子育てをしていても、ビジネスに失敗して苦境に陥っていても、若者にこづかれながら貧しい老後の生活を送っていても、そこで多くの人が口にするのは「自己責任」という言葉です。

これに関して、面白い統計があります。世界各国で行われた貧困問題への意識調査（The Pew Global Attitudes Project、２００７年）です。「自力で生きていけないようなとても貧しい人たちの面倒をみるのは、国や政府の責任である。この考えについてどう思うか？」という質問に対して「そうは思わない」と答えた人の割合は、ドイツ：７％、イギリス：８％、中国：９％です。つまり、ほとんどの人は「貧しい人の支援は政府が行うべき」と考えているのです。で、我らが日本はというと……まさかの38％でした。あの、医療保険の仕組みすらまともに整っていない「Ｔｈｅ自己責任」の米国ですら、28％なのに。

この結果をどうみるかは人によってまちまちだと思いますが、私は嫌でした。私自身、最初から社会にうまく順応できたタイプではなくて、バカな失敗をたくさんして、めちゃめちゃ人に迷惑をかけて、それでも色々な人に支えられて、そして今に至っている自覚があります。だから、助け合って生きていこうよ！　ってナチュラルに思うわけですが……。

でも、政府が困っている人の支援をするとなると、現実問題としてお金がかかります。そして、そのお金を出すのは納税者、つまり私たち自身です。

「こっちだって楽じゃないのに、なんで見ず知らずの人たちの面倒までみないといけないわけ!?」という意見も当然、出てきます。気持ちは、すごくわかります。

実際のところ、日本の政府債務残高は対GDP比で世界トップクラスです（図3－5）。少子高齢化が爆速で進む中、これから財政状況は悪化こそすれ、改善する目処はまったく立っていません。自己責任論は冷たい感じがするけど、困っている人に投資をする余裕なんて、もはや日本にはないのか……。悔しいけど、無念だけど、個々人が自己責任論で頑張って生きていくしかないのかな……。そんな殺伐とした社会、嫌だなぁ。そんなふうに考えていた時代が、私にもありました。

「自己責任論」のギリシャと「支え合い論」のアイスランド

そんなふうにモヤっていた時に出会ったのが、デヴィッド・スタックラー教授とサンジェイ・バス医師の現代の古典ともいえる名著『経済政策で人は死ぬか?～公衆衛生学から見た

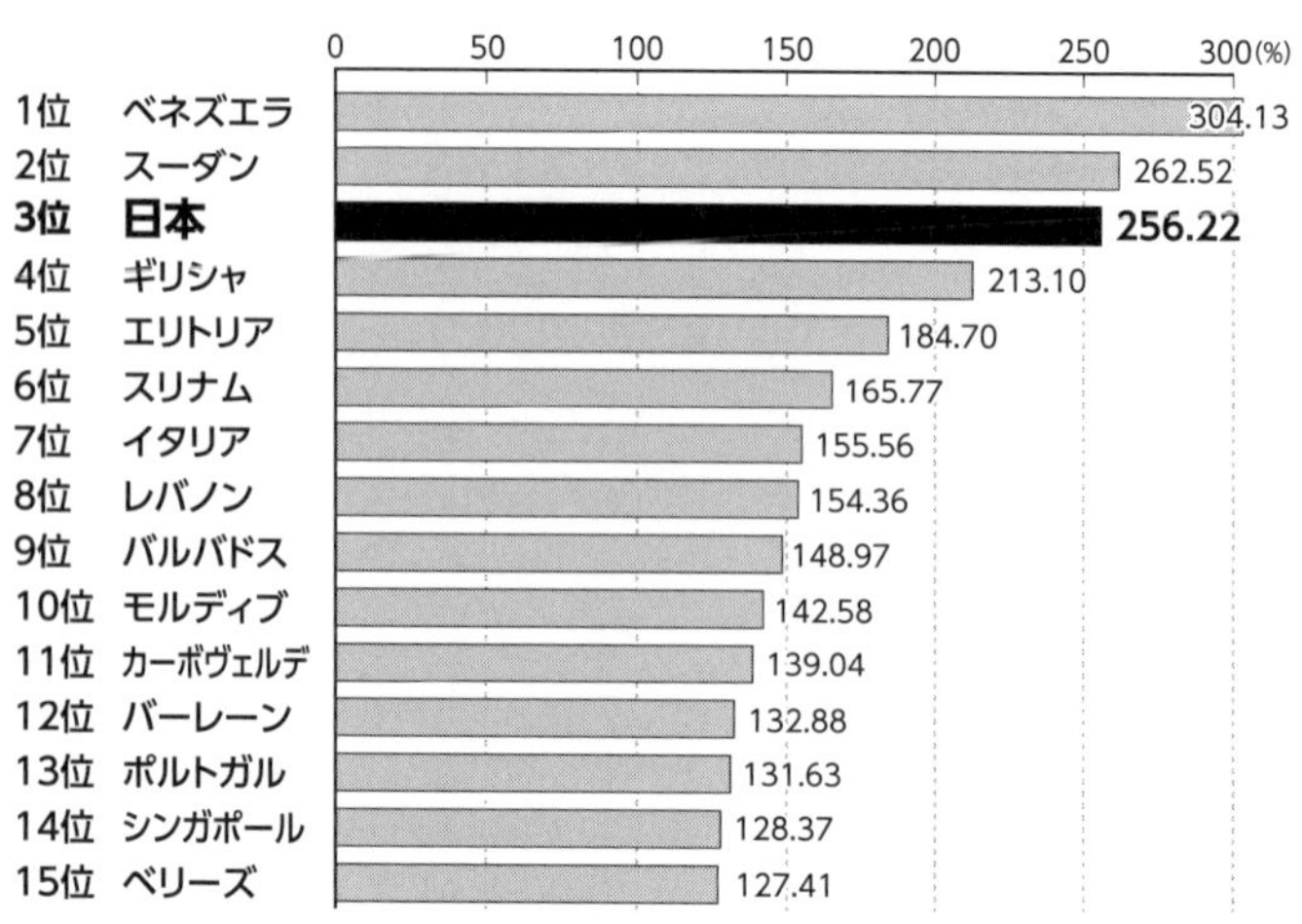

図3-5　日本の政府債務残高（対GDP比）は世界トップクラス（2020年）
出典：IMF（International Monetary Fund）

不況対策』でした。

この本をすっっっごく簡単にまとめると、**不況の時こそ、困っている人を助けることにお金を使った方が、経済的に圧倒的にお得だよ。逆にそれをしないと、人が死ぬよ。結果的には社会全体が衰退するよ、**ということでした。

ここまでは、すでに多くの知識人が主張してきた議論です。同書の凄いところは、それを統計的に証明したことなのです！

人類は、歴史上とても深刻な経済危機を何度も経験してきました。その都度、大不況に陥り、人々は職を失い、家を失い、健康を損ない、ついには死に至るケースも多くありました。でも、その大不況の時の状況を国や地域ごとにつぶさにみてみると、同じ事象を経験しているはずなのに、その後の展開がまったく異なるケースがあったのです。著者たちは、国や地域を比較し、なぜそのような違いが出たのか分析しました。自然科学の実験でマウスを活用するように、国家を活用した壮大な社会実験をやったわけです。

例えば、記憶に新しいリーマンショックです。未曽有(みぞう)の大不況に、各国政府はそれぞれ対応に追われました。

ギリシャは自己責任論を選択します。それまで困っている人を助けるために使っていた社会保障費を削ったのです。やむを得ない事情もありました。国が破産寸前になっていたのです。欧州や世界から経済的援助の申し出がありましたが、交換条件として、それまで国の支出の多くを占めていた社会保障費の削減を提示されました。ギリシャは泣く泣く条件を飲み、社会保障を大幅に縮小する代償に経済援助を受けるという選択をします。住民は大反対しましたが、政府は受け入れませんでした。

その結果、ギリシャの多くの人々は失業し、家を差し押さえられました。心身ともに健康状態が悪化しますが、医療費が削られたので病院にも行けません。街にはホームレスが激増（2009年から2011年で25％増加）し、同時に治安も悪化して殺人事件も頻発します（2007年から2011年で2倍）。

さらに、もはや先進国の問題とは認識されていなかった新規ＨＩＶ感染者数が、2011

年に前年同時期比で52％増。これは、新規の麻薬使用者の激増と相関関係にあります。麻薬に使用した注射針の使い回しでＨＩＶが広がったのです。うつ病患者も増え、自殺者も急増（特に男性は２００７年から２００９年にかけて24％増）。もう、地獄です。

緊縮財政政策を実施する時、政治家はこう言いました。

「この改革は、短期的には痛みを伴う。でも、痛みに耐えた先に力強い経済が出現し、ギリシャは復活するのだ！」

どっかで聞いたことのあるフレーズですね。この主張、実は科学的な根拠が何もないのです。でも、結果的に経済が復活するなら、深刻な被害を受けてきた一般市民もほんの少しは報われる、かもしれません。

しかし、現実は本当に非情なものです。医療費や社会保障費をごっそりと削ってまで財政を立て直そうとしたギリシャは、あらゆる社会問題が国中に蔓延し、税収が激減します。しかも、こうした事態を抑え込むために新たな支出が増えてしまい、財政はさらに悪化したのです。

一方、リーマンショックでギリシャと同様に国家財政が破綻寸前に追い込まれ、同じく世界から過激な緊縮財政政策を実施する決断を迫られたにもかかわらず、逆に積極的にお金を使ってみんなで助け合う道を選び、経済を急速に回復させた国がありました。アイスランドです。

図3－6は、緊縮財政政策を選択したギリシャ経済がその後も容赦なく下降しているのに対し、正反対の積極財政政策を選んだアイスランド経済がV字回復していることを示しています。

２００８年10月6日、アイスランドで緊急テレビ放送があり、首相が国民に直接語りかけました。「アイスランドが国家破綻の危機に直面している」、と。金融大国として急成長を遂げていたアイスランドは、リーマンショックの余波をもろに受け、ギリシャと同様の選択を迫られる事態になっていました。

欧州、及び世界からの援助の申し出はあるものの、それを受け取る条件は、ギリシャと同じく医療費や社会保障費の大幅削減。つまり、貧しい人たちを切り捨てることです。かといって、この条件付き援助を受け入れなければ、国の経済が破綻するリスクを抱え、国際的にも孤立してしまいます。

究極の選択を迫られたアイスランドはギリシャと正反対の選択をします。条件付き援助を拒否したのです（アイスランド政府はこの選択を国民投票にかけ、93％の人が条件付き援助の受

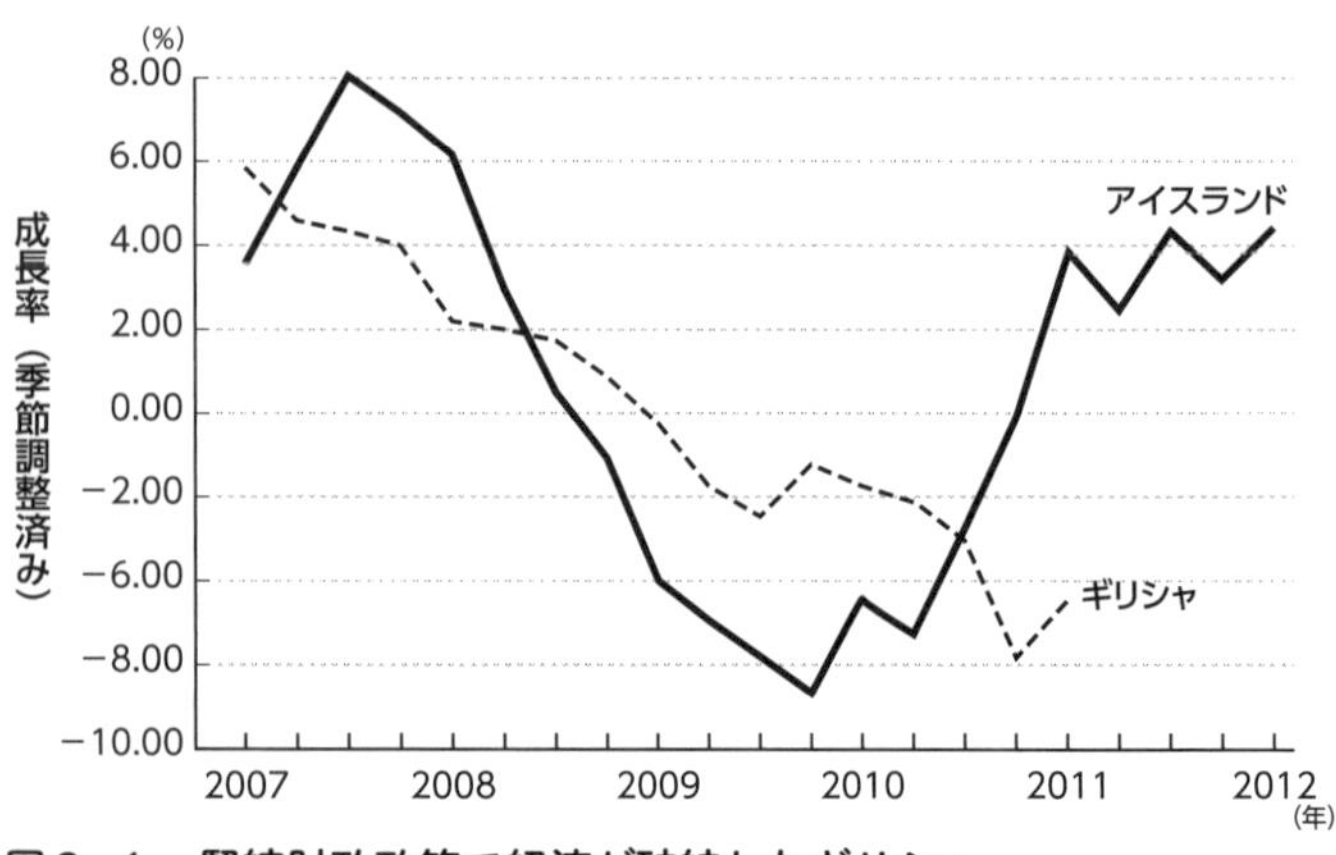

図3-6　緊縮財政政策で経済が破綻したギリシャ、積極財政政策で復活したアイスランド

出典：David Stuckler、Sanjay Basu『経済政策で人は死ぬか？〜公衆衛生学から見た不況対策』(2014)

け入れを拒否しました）。このエクストリームな状況で、「支え合い論」を貫きます。

しかも、社会保障費を削減するどころか、むしろ増額するという選択をしたのだから驚きます。金融危機以前の２００７年にＧＤＰの42・３％だった政府支出は、金融危機発生後の２００８年には57・７％に。世界中の有識者からは、こうした財政政策はインフレに繋がるという警告が発せられました。

では実際、社会保障費を増額したアイスランドはどうなったのか？　経済的に復活したことはすでに述べましたが、それは人々の心身の健康にもしっかり表れていました。

まず、アイスランド政府は失業対策で公共職業安定所の予算を大幅に増やします。これによって、失業者増加に歯止めがかかりました。家のローンが支払えなくて困っている人には国が補助を出し、差し押さえを防ぎました。そのため、ホームレスが増えることはありませんでした。医療制度も維持され、人々は今まで通り病院に通うこともできました。うつ病患者や自殺者数も、２００７年から一貫して減少し続けました。

極め付けは、２０１２年の国連世界幸福度報告書です。様々に設定された幸福度指標のほとんどで、アイスランドは上位にランクインしています。未曽有の大不況の中、一見コストの高い「支え合い論」を貫き通すことで、アイスランドは逆境を乗り越えたのです。

「支え合い論」は、経済的にもお得である

今回はリーマンショックの事例を取り上げましたが、同書では１９３０年代の大不況、１９９０年代のソ連崩壊による東側諸国の大不況、同じく１９９０年代のアジア通貨危機等々の歴史的な大不況の事例を挙げ、各国の経済政策を調べ上げた結果を統計学で分析し、すべてに同じ結論を出しています。

すなわち、緊縮財政政策を取った国は悲惨な状況に陥り、積極財政政策を選んだ国は、その経済不況の衝撃をかなり緩和できているのです。**つまり、困った時こそ、苦しんでいる人**

を助けることにお金を使った方が、経済的に圧倒的にお得、ということです。

万国共通で、多くの政治家はこう言います。「目の前の痛みに耐えれば中長期的利益がもたらされる。だから我慢してくれ」と。そしてせっせと社会保障費を削減したり、民営化を促進させたりするわけですが、こういったいわゆる緊縮財政政策には、科学的根拠が何もありません。これは、いわゆる「小さい政府」と自由な市場は常に国家の介入に勝るという思い込みによって主張されているのであり、民営化が進むことで得をする政治家にとって都合のいい話、というだけです。

だいたい、目の前の痛みに耐えろ、と言いますが、その痛みに耐えるのは政治家や金持ちではなく一般市民、特に社会的弱者です。

痛みに耐えられるなら、まだいいです。でも、それで失業してうつ病になったり、ホームレスになったりしたら、立ち直るのにとても時間がかかります。もちろん、経済成長は重要です。でも、なぜ重要なのかといえば、経済成長によって人々が幸せに生活する機会が増えるからなはず。それを犠牲にしてまで成し遂げるべき経済成長なんてあるのか、と思うのです（しかも、その方法では成し遂げられないし）。

「自己責任論 vs 支え合い論。経済的にお得なのはどっち?」という問いに対して、人類の歴史は「支え合い論」に軍配を上げています。

先に述べたように、日本は「自己責任論」の強い社会です。そして、自己責任論の強さと経済状況は一部で比例しています。２０１７年に発表された「経済民主主義指数」によれば、ＯＥＣＤ32カ国の中で、日本は下から4番目。つまり、日本は諸外国と比べても経済的に不平等。「自己責任」を叫べば叫ぶほど、経済格差は広がっていくんです。

私たちの国でも、もっと支え合ってみませんか。
だって、その方が断然お得なんですから。

コラム 03

「マタニティを応援するマーク」で、ママたちをさりげなく応援する

育休中に娘と一緒に電車に乗って舌打ちをされてからというもの、私はモヤモヤしていました。「どうして、こんな目にあわなくちゃならないんだ！」というのもありましたが、「こんな仕打ちを日々、ママたちが耐えているなんて許せん！　何か、自分にできることはないだろうか」と悩んでいたのです。

舌打ちをされた日、職場に着くやいなや「こんなひどいことがあったんですよ～(涙)」とママ社員の皆さまに打ち明けました。すると「あー、それ、私もやられたわ、ムカつくよね」みたいな反応がたくさん。え、これってそんな日常茶飯事的なことなの!?　しかも、よくよく聞くと妊婦さんの時から嫌がらせを受けることがあるらしい。マタニティマークをつけて電車に乗ると、舌打ちされたり、露骨に嫌な

顔をされたり、わざと押される、なんてことも……？

いくらなんでもそれはないでしょうと思って、Googleで「マタニティマーク」で検索してみると「危険」というキーワードとセットで出てくるサイトがたくさん。ちょっと信じがたいというか、この国は、いったいどうなっちゃってるの？

この異常事態を、どうにかせねば……、しかし、電車でたまたま出会った妊婦さんに「お、お、お。応援してます♪（コミュ障だから、初対面の人と話す時によく声がうわずる）」なんて声をかけたら、余計に不安を与えること間違いなし。というか、通報されてしまうかもしれない。うーん。

そう思って色々調べていたら、とても素晴らしいアイテムを発見！**「マタニティを応援するマーク」**です！

このマークは、まさに私と同じような問題意識を持たれた方が始めたソーシャルアクションです。ホームページで購入できるこのストラップ（1個500円）を身につけて電車に乗れば、ママたちをさりげなく応援できるではないか（通報もされないし）！

また、ホームページに掲載されていた「代表あいさつ」に共感しまくりでした。ちょっと長いですが、とっても素敵な文章なので引用させていただきます。

心の中では、「たいへんだけど、がんばってな～」「元気な赤ちゃん産んでな～」と思っているのに、伝わらない。マタニティマークを付けている女性に自分はどう映っているのか。もともと怖い風貌だし、ニコニコしていると、もっと怖いかも（笑）多くの人がそうでは？（中略）

ネガティブな声には、ポジティブな行動で闘う。

とりわけ、妊娠した女性は、常に闘っているようにも思えます。
さまざまな不安、そして、命がけの出産に向けて。
旦那たちも闘おう。妻や妊婦のために。
社会はそうして良くなる。
そんなムーブメントへ。

マタニティを応援するマーク
ホームページ：http://maternity-papa.comより

ストラップつきの筆者のバッグ

「う～ん、最高じゃないですか」と、つぶやきながら、ポチッと購入しました。以来、私のバッグにはずっとこのストラップがついています。こんな小さなアクションで、突然、何かが変わるわけではありません。けど、このストラップと一緒に電車に乗る時、そして近くに妊婦さんがいる時、顔には出さずに「めっちゃ応援してます！」って念を送るようになりました。

ストラップをつけ始めて数カ月が経った頃、電車の中で妊婦さんと一緒になりました。私は読書をしつつ、「めっちゃ応援してます」の念をさりげなく送っていました。すると、妊婦さんが下車するタイミングで、ふと目が合ったんです。その時、妊婦さんが少しだけ微笑（ほほえ）んでくれたような気がしました。

気のせいだと言われれば、そうかもしれない。でも、もしストラップのおかげで、ひとりの妊婦さんがほんの少しでも嬉しい気持ちになったのだとすれば、こんな最高なことはないです。めっちゃいい買い物した！

妊婦さんよりも、私自身の方が、幸せをもらったのかもしれません。

第四章
子どもにお金をかけるまちは、人もお金もどんどん増える

本書ではこれまで、男性の家庭進出こそ、家庭だけでなく日本社会の問題を解決するうえで重要なものだと、手を替え品を替え、お伝えしてきました。そしてそれを実現するためには、単に男性に喝（かつ）を入れるのでは意味がない、ということも。

この状況を改善するには、親子を応援する法整備だけでなく、第二章と第三章で触れたように、家族関連支出を増やすことも必須でありましょう！　日本は、ここにお金を使わなすぎ!!

例えば、予算不足のせいで保育園が足りない場合。ママの育休明けの職場復帰予定日の直前に、保育園に落ちて待機児童になるケースが起こります。子どもをみるために夫婦のどちらかが退職を余儀なくされた場合、日本の現状に鑑（かんが）みれば、家族を養うために遅い時間まで賃金労働をするのは恐らくパパでしょうし、子どもをみるためにこれまで積み上げてきたキャリアの断絶をするのは、多くの場合ママでしょう。これでは、何も変わりません。

とはいっても、親子に投資したら、必ず日本はよくなってみんながハッピーになるのか、と言われると、その証明はできません。世界を見渡せばたくさん成功事例はあるけれど、それが日本で同じように効果が出るとは限らないし、何より、実現できるかわかりません。

そんな風にウジウジ考えていたある日のこと、衝撃的な情報を耳にします。親子への投資を劇的に増やして、親子だけでなく地域全体を、経済まで活性化させているまちが、日本にもあるというではありませんか。え？　しかも、家族の多様性まで推進しているとな？

脳天をハンマーでガツンとやられたような衝撃でした。妄想するだけして、でも、きっと無理だろうなぁ、なんて思っていたことを、実現させているまちがある!?　その日を境に、私はこのまちの情報を収集しまくりました。知れば知るほど、凄まじい。まさか、こんなイノベーションが地域で起こっていたなんて。知りたい。どうやってこんなことを実現させたのか知りたい。他のまちでも実現できないか、聞いてみたいぞ！

居ても立ってもいられず、私は早速アポを取って兵庫県明石市に向かい、このイノベーションの仕掛け人の泉房穂（いずみふさほ）市長に会ってきました！

「親子への投資が、最強」を証明したまち、明石市

泉市長の話に入る前に、少し明石市の話をしましょう。明石市は兵庫県の南部、淡路島のすぐ北にある、人口約30万人の都市です（図4－1）。日本の標準時刻の子午線が通っています。あの源氏物語の舞台にもなった歴史あるまちです（光源氏の生涯にわたる恋人、その名

図4-1　兵庫県明石市の位置

もズバリ「明石の君」との出会いの地）。地域の名産品としては「明石焼き」が有名です。

明石市では、一般的には「票にならない」と言われている子育て支援をまちづくりの核にして次々と独自の施策を打ち出し、子育て世代をまちに集めて人口を右肩上がりに増加させ、税収を増やし、それをまた親子に投資するという、見事な好循環が起こっています（図4-2）。そして、本当に素晴らしいのは、この施策で幸せになっているのは親子だけではないってことです（ここからしばらく、その変化の様子をデータで紹介していきますので、次の小見出しまで流し読みでも大丈夫！）

子育て支援の結果、明石市は賑わいを取り戻し、地域経済までV字回復しています。

この変化は、泉房穂市長が２０１１年に就

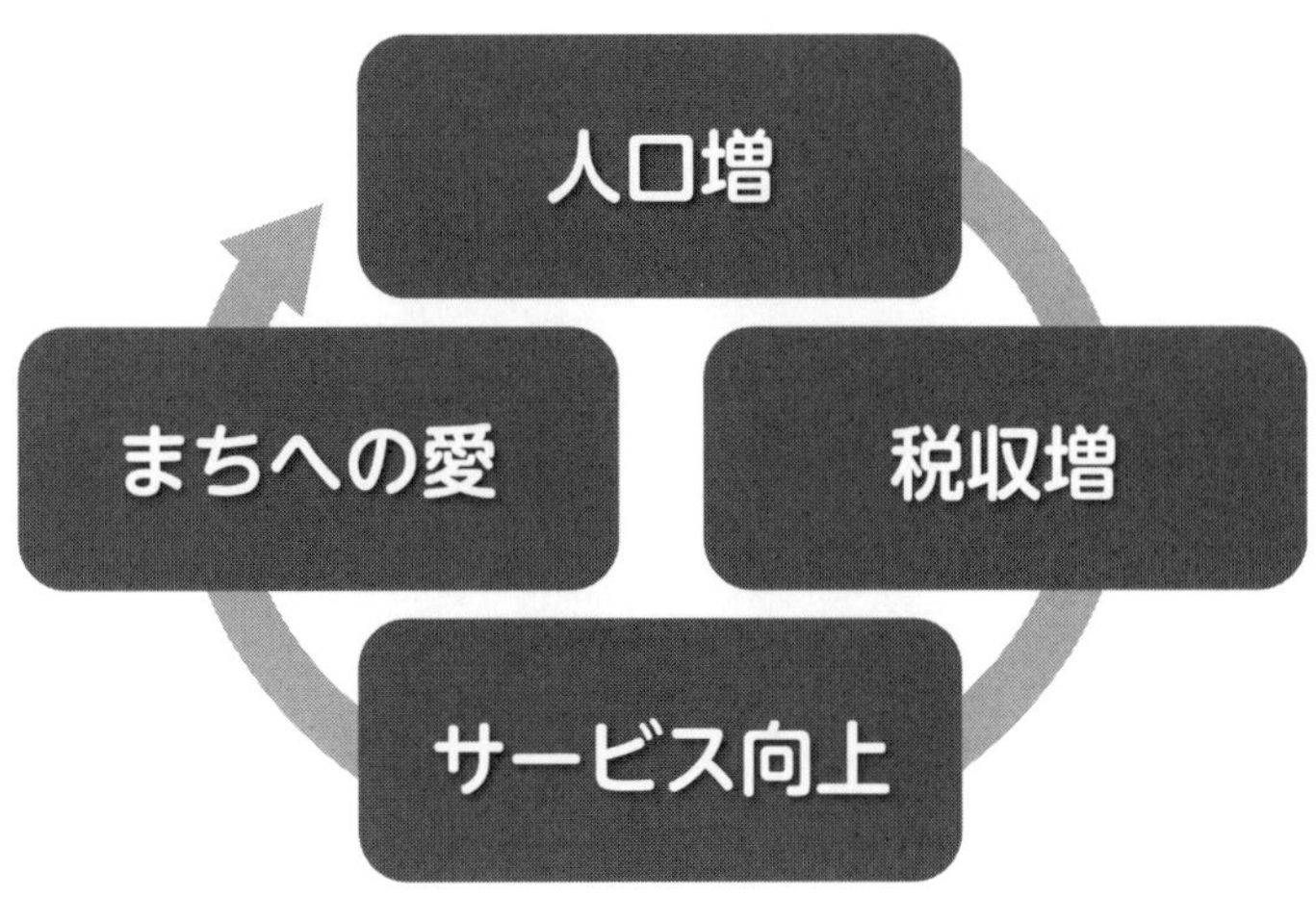

図4-2　明石市のフィードバックループ
出典：明石市資料

任した時から始まりました。泉市長就任の2年後となる2013年以降、8年連続で人口が増加しており、2017年からは過去最高人口数を更新し続けています（図4-3）。

明石市の人口増の特徴の一つに、大都市からの転入があります。通常、都市の転入増加は田舎からの流入が多いのですが、完全に逆です。また、こういう話をすると必ず「人口増っていったって他の都市から奪ってるだけじゃん。日本全体でみれば変わらないでしょ」といった反論がきますが、明石市の場合、同市で生まれる赤ちゃんの数まで増えています。しかも4年連続！（図4-4）

子育て層の流入に、出生率の上昇がかけ合わさった結果、市全体の人口増に繋がっているのです。急速な少子化が進む日本にあって、

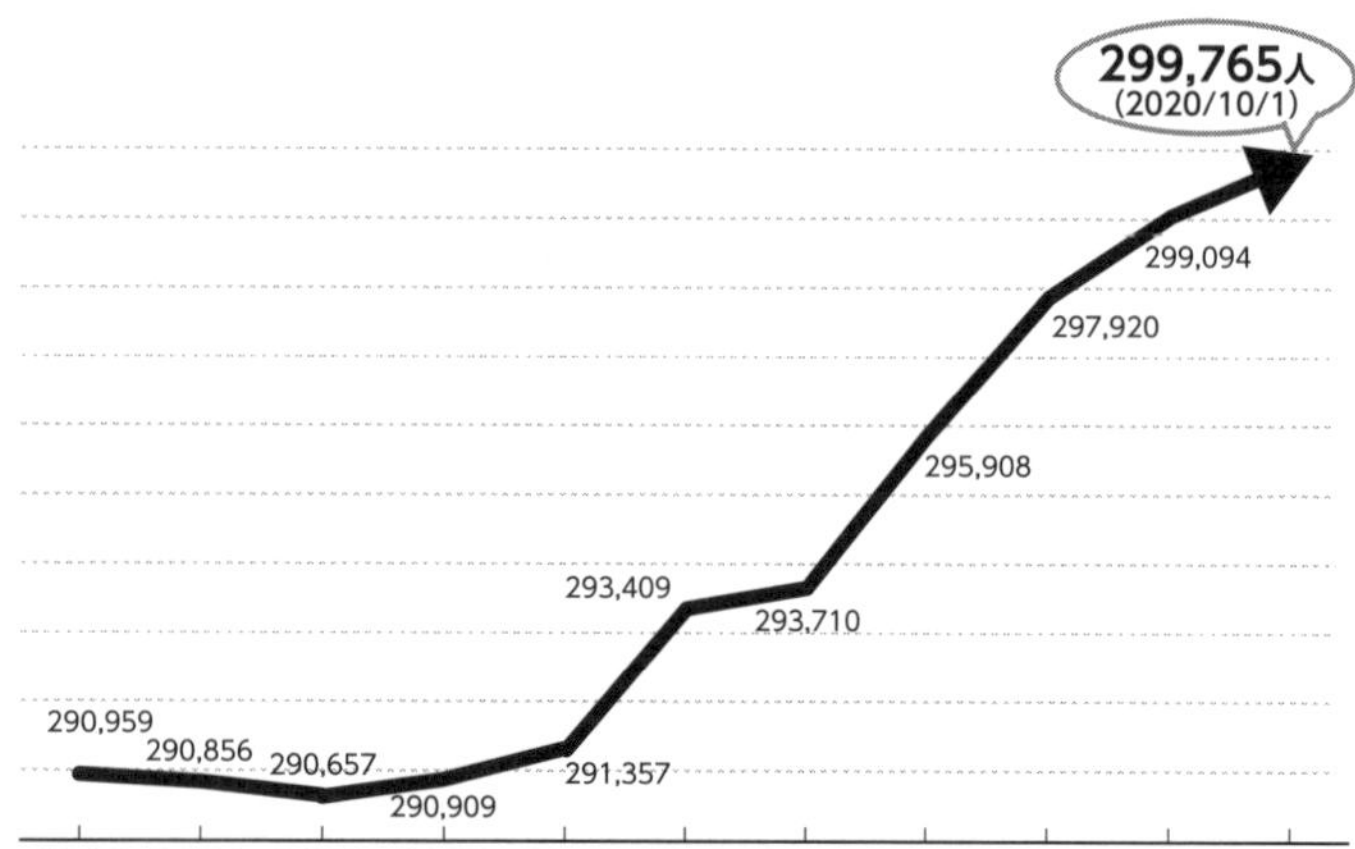

図４-３　明石市の人口は８年連続で増加！

出典：総務省「国勢調査推計人口」

明石市では合計特殊出生率が徐々に回復し、２０１８年度、ついに１・７０になりました。なお、同年の全国平均は１・４２、兵庫県全体では１・４４、東京都は１・２０です。

図４-３を見ていただくとわかるように、他の都市から明石市への転入で人口が増え始めたのが２０１３年。そして、出産数が増え始めたのが２０１５年です。つまり、「明石市だったら子育てできそう！」と感じた現役世代が移住してきて、実際に子どもをもうけているのです。**図４-５**の統計にもしっかり表れているように、転入者の多くは現役世代です。

これだけの人口増があるので、税収もばっちりV字回復しています。納税義務者は２０１２年には13万８７６人でしたが、２０１９

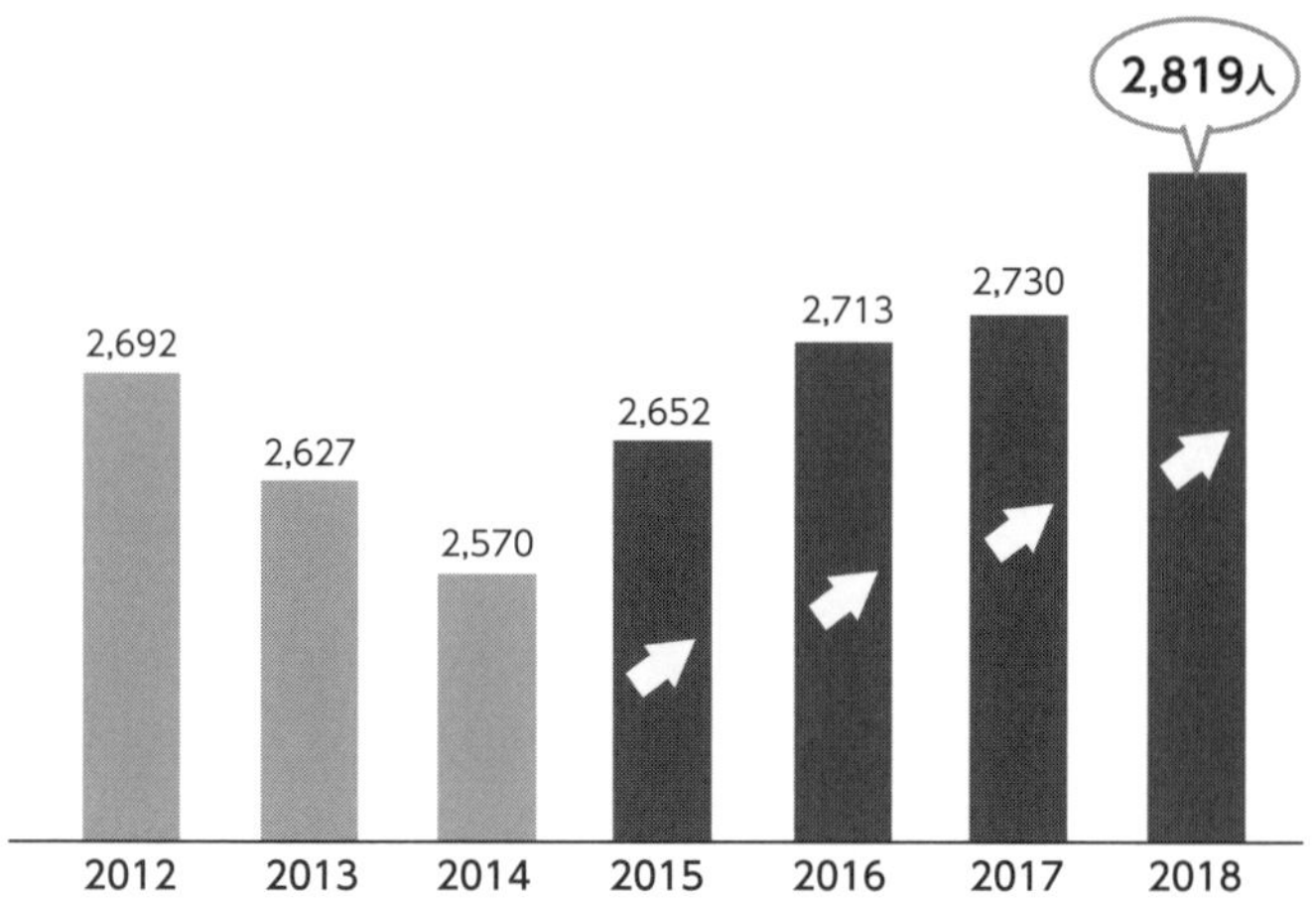

図4-4　明石市で生まれる赤ちゃんの数も増えている！

出典：明石市統計資料

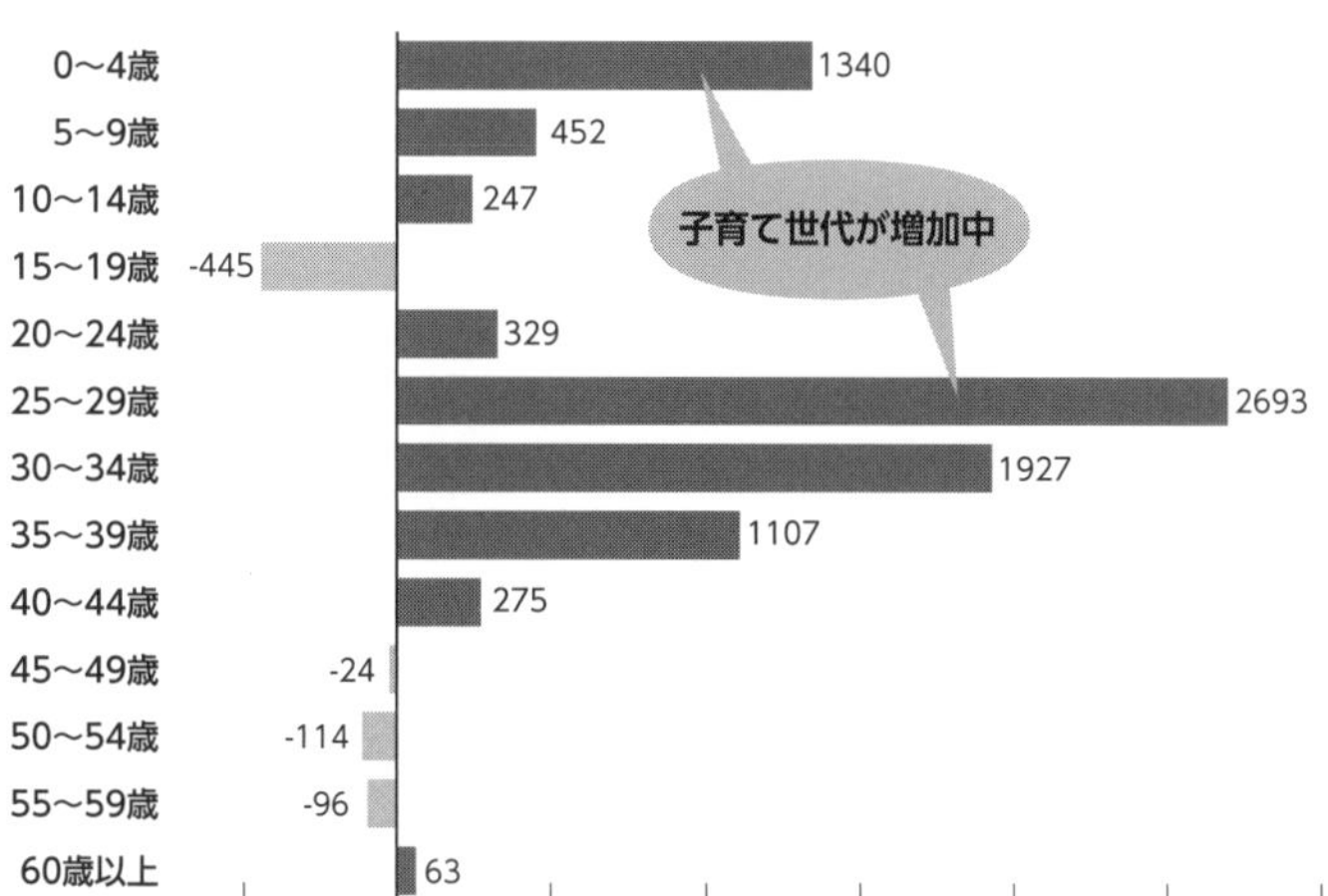

図4-5　明石市への転入者の多くは現役世代！

出典：明石市統計資料

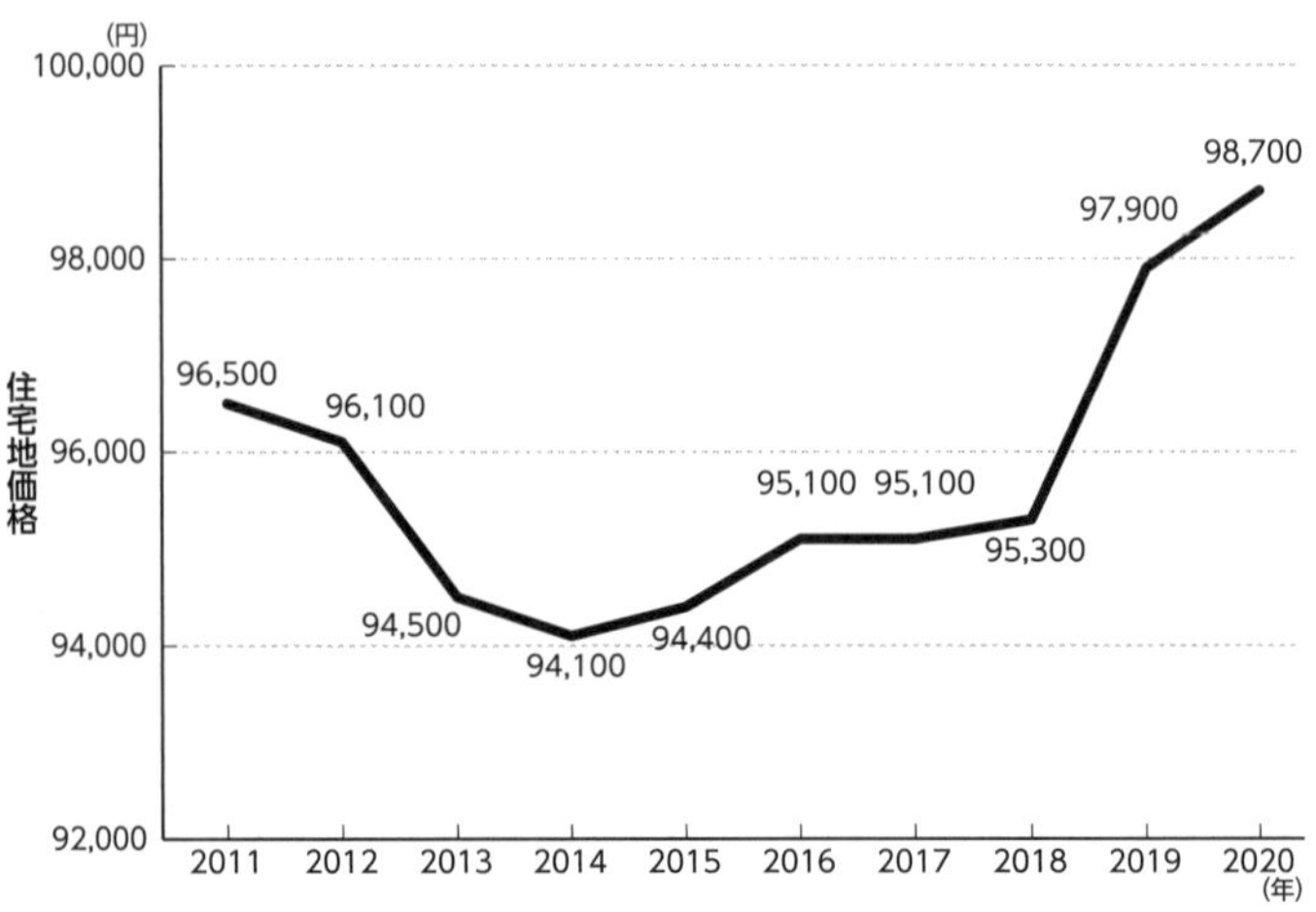

図4-6　明石市の住宅地価格はV字回復！

出典：地価公示（兵庫県ホームページより）

年度には14万３４９０人（＋１万２６１４人・約９・６％増）！

さらに、税収（個人市民税・固定資産税・都市計画税）は２０１２年には３４２億円でしたが、２０１９年度には３７２億円（＋30億円・約８・８％増）！

地域経済に関する統計データを見てみますと、まず、地価が回復しています。しかも、住宅地、商業地、工業地のすべてがです！（図４-６、図４-７、図４-８）

商店街の賑わい（中心市街地）もすごいですよ。来街者数は、２０１５年には１万９６５０人だったのが、２０１８年には３万３１１５人（＋１万３４６５人・約69％増）！　凄まじいです。

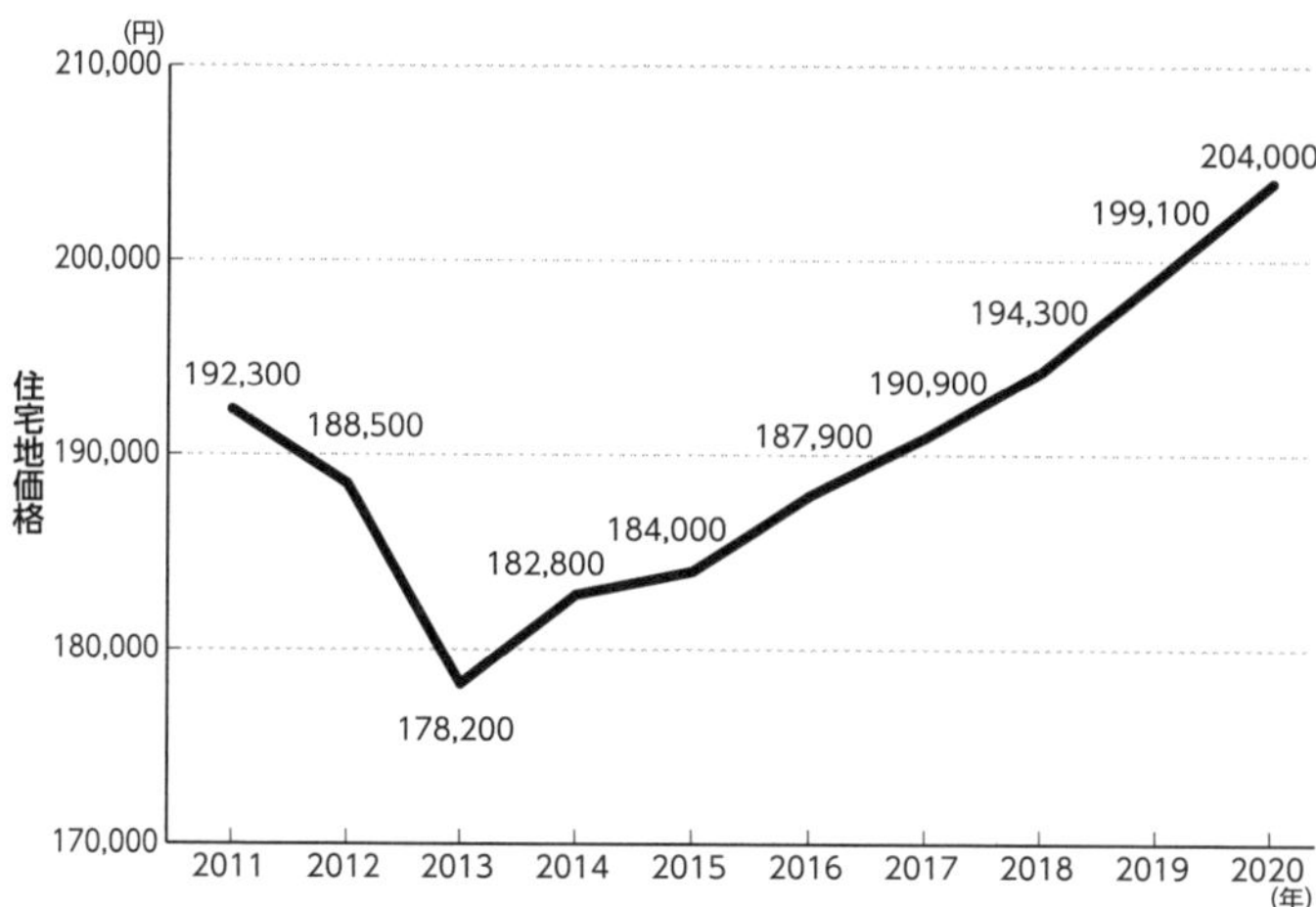

図4-7　明石市の商業地価格もV字復活！

出典：地価公示（兵庫県ホームページより）

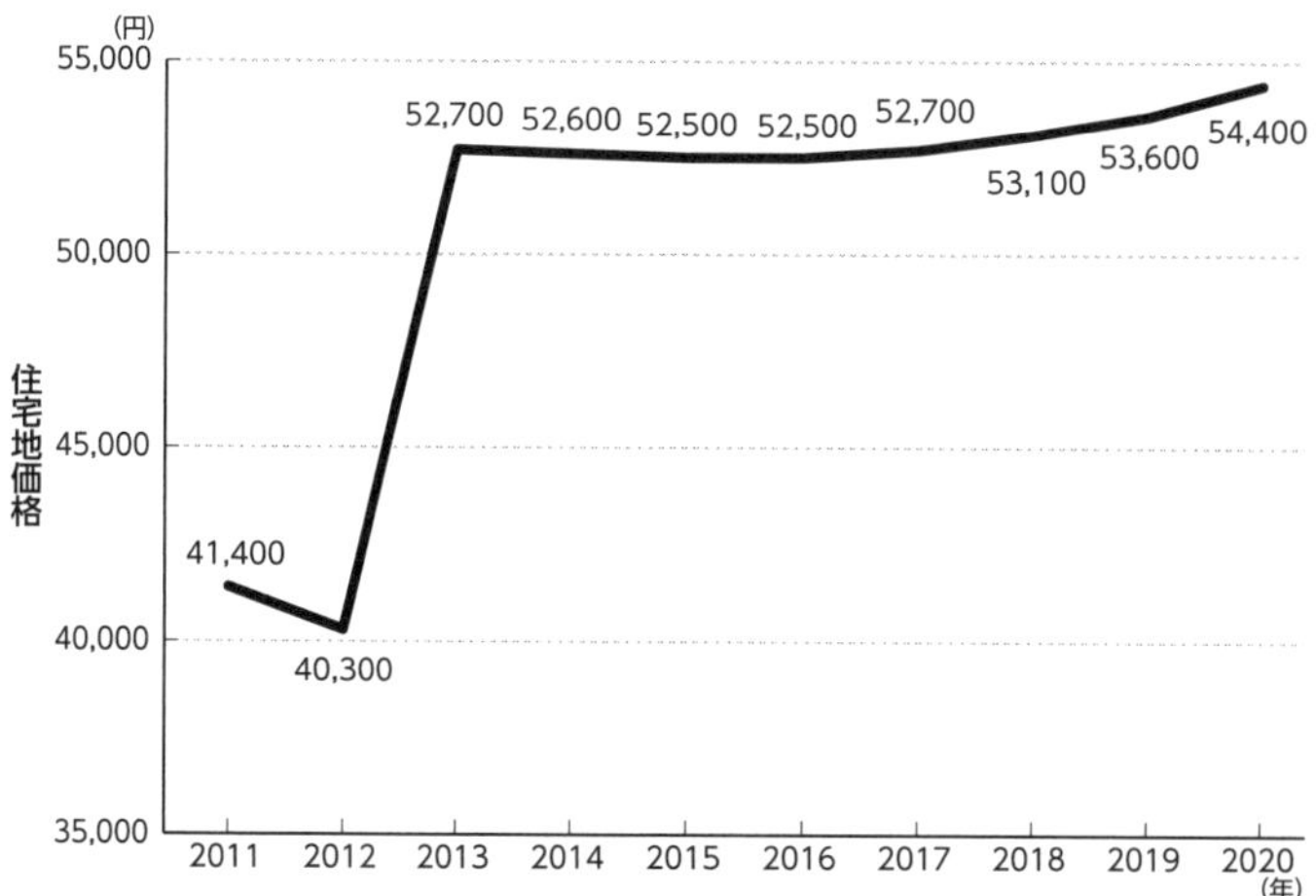

図4-8　明石市の工業地価格だって回復！

出典：地価公示（兵庫県ホームページより）

親子のニーズを徹底的に実現したまち

さて、そんなスゴイ明石市の市長を突撃訪問した日の朝に、話を戻しましょう。東京駅から新幹線に乗り、新大阪で神戸線に乗り換えて、40分ちょっと。明石駅に降り立った私がすぐに向かったのは、駅から徒歩1分の「パピオスあかし」です。1~3階には商業施設やクリニックが入っており、最上階の6階には市役所の窓口があって、夜は20時まで開いています。仕事帰りに、市役所の用事を済ませることができるのですね！　今日はここの会議室で、泉市長のお話を伺う予定なのです。

おしゃれなだな~、賑わってるな~、と感心しながらエスカレーターで上っていくと、4階に「あかし市民図書館」がありました。覗いてみて、「あれ？」と思ったのは、子どもがやけに多いこと。そして、子どもも大人も、普通におしゃべりをしている！

奥の児童書エリアでは、お母さんが子どもに絵本の読み聞かせをしていました。子どもは楽しそうにキャッキャと笑っています。スタッフの方にお話を伺ってみると。

「この図書館では、おしゃべりOKなんですよ。だって、そっちの方が親子も、お友達どうしも楽しいじゃないですか。交流が生まれて、新しい本との出会いにも繋がりますし」

そして、この光景に目くじらを立てている大人が、一人もいないようなのがすごい。私が

空間も雰囲気も開放的な、あかし市民図書館（明石市提供写真）

子どもの時なんて、図書館で友達と無駄話をしては、めっちゃ怒られていたのに！

もうひとつ気づいたのは、通路がとても広いこと。これが図書館を開放的にしている要因のひとつです。スタッフの方いわく**「ベビーカーの親子や、車椅子の方でもゆとりを持って移動できるようになっているんです」**。

な、なるほどー！　これは嬉しいぞ！　ベビーカーで図書館って、ちょっと肩身が狭かったけど、これなら遠慮なく遊びに来れる！

この図書館のあり方が、明石市政のなんたるかを端的に表現しているのかもしれないなぁ、と感動しつつ5階に上ると、またビックリ。目の前には広々とした子ども用の遊び場「親子交流スペース　ハレハレ」があり、ワクワクする遊具やおもちゃが所狭しと置いて

市民は無料で利用できる「親子交流スペース　ハレハレ」（明石市提供写真）

ある（写真上）！　え？　しかもこれ、明石市民だと無料なの……!?

さらに、同じフロアに一時保育施設の「にこにこ保育ルーム」があり、ここで子どもを預けているあいだに、買い物や市役所での手続きができるようになっているのです。しかも市民なら保育料が1時間400円と超激安、さらに市の施設に用がある場合はなんと無料（要予約）！

他にも、学生のための多目的ルール「中高生世代交流施設　AKASHIユーススペース」があって、ここもやっぱり無料でWi-Fiまで使えます。

明石市に暮らす親子にジェラシーを感じつつ6階に行くと、「こども健康センター」が。妊娠中からお母さんと子どもの健康をサポー

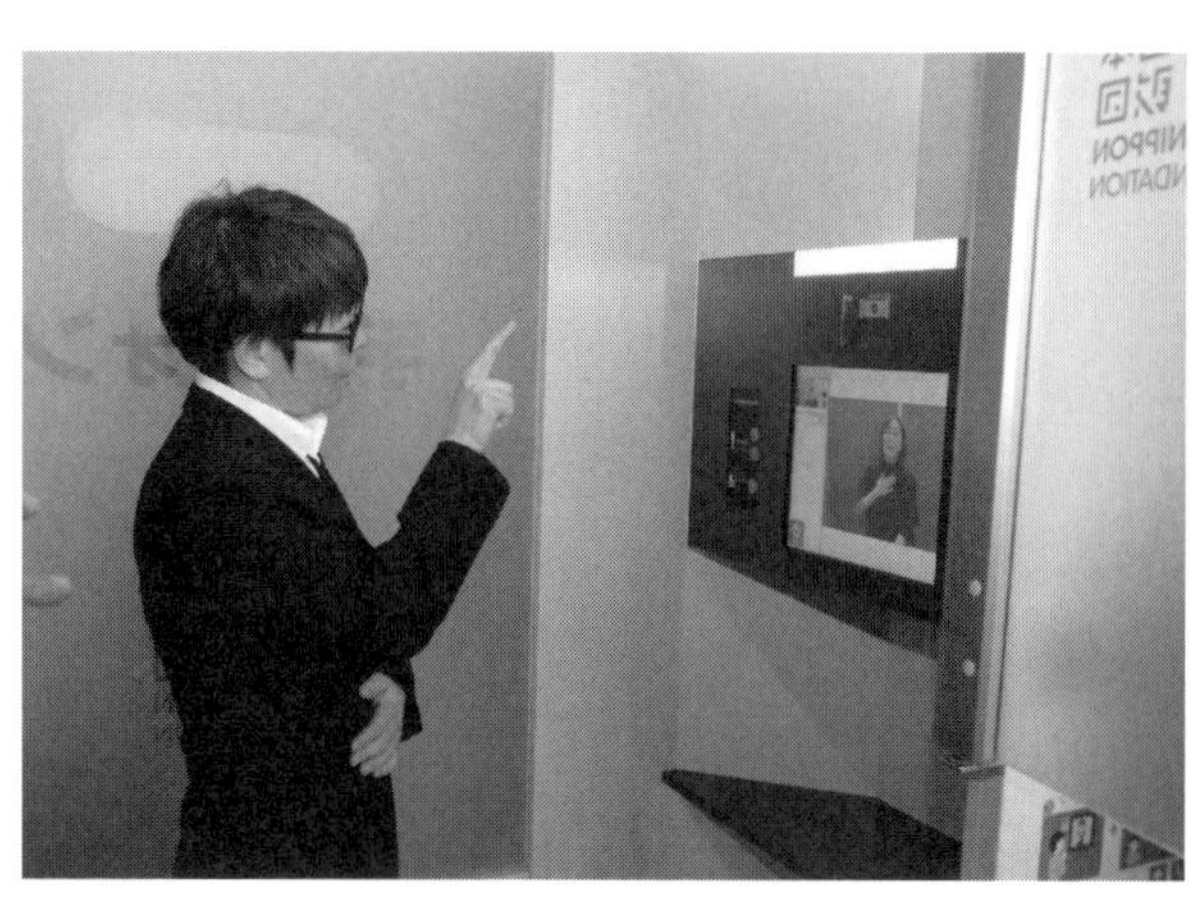

自治体として初めて設置された手話対応型公衆電話ボックス「手話フォン」
（明石市提供写真）

トする施設です。安心して妊娠・出産・子育てが行えるよう、妊娠期から子育て期にわたるまで切れ目なく支援をしているのだとか。

その隣には市役所の窓口があり、こっちはようやく普通の窓口っぽい？　と思ったところ、受付に「手話通訳者呼出ボタン」が。さらに、2階には手話対応型公衆電話ボックス「手話フォン」があるんです（**写真上**）。初めて見た！　料金は、あ、無料ですか。そうですか……。

「子どもが親によって区別されるなんて、おかしな話や」

なんて雄弁なまちづくりなんだ、と感嘆し

たところで、いよいよ泉房穂市長と面会です。以下、市長へのインタビューを、対談形式でお送りします。

――いや〜、泉市長！　明石駅からここに来るまでに、すでに市の子育て支援に対する本気度を肌で感じました！　素晴らしいです！　でも、明石市が力を入れているのは施設設備だけではありませんよね。生活支援が、また凄まじい。代表的なものに「五つの無償化」がありました。**「施設利用料」「学校給食、中学生は完全無料」「子ども医療費、中学生まで完全無料」「保育料、第二子以降は完全無料」、そして「おむつ定期便、満1歳まで無料」**。これは、お得感がハンパじゃない。引っ越したくなりました。

泉房穂明石市長（以下、市長）「ありがとうございます。でも、この無料施策の最も重要な点は、金額ではありません。所得制限を設けていないことなんです」

――それって、お金持ちでもやっぱり無料ってことですか？

市長「そうです。一般的に、こういった支援策は対象が低所得世帯に限定されています。でも、それではうまくいかんのです。というのも、それをやってしまったら中間層（非貧困世帯）が苦しい！　中間層だって、決してラクな生活をしているわけではありません。税金ばっかり取られて、その恩恵をほとんど受けられないまちに、住みたいとは思わんでしょ」

――（首がもげるほど頷（うなず）く）

市長「一方で、そういったまちには、支援策を受けられる低所得世帯が集まる可能性が高くなります。結果、税収は減り、低所得世帯の支援に必要な税金の額は上がるため、財源が捻出できなくなってしまいます。持続できないのです」

――なるほど！　だからこそ、まちの財政の主な担い手となってくれる納税者、つまり、現役世代の中間層にこそ、最大限の行政サービスを提供する、と。最初伺った時はバラマキ施策っぽいと思ってしまいましたが、考えてみれば道理ですね。

市長『『所得制限を設けるのは貧困施策、所得制限を設けないのは未来施策』というわけです。そもそも、子どもが生まれた親によって区別されるなんて、おかしな話やないですか」

明石市は全然「金持ち」じゃない

――しかし市長、とてもいいお話だとは思いますが、「所得制限を設けず親子を支援しよう！」なんて言われても、「それができたらやってるわ！」という自治体は多いと思います。明石市がこれをやれるのは、お金持ちシティだからですよね。

市長「何を言うてますねん。同じ人口規模の自治体と比べればわかりますが、明石市はむしろ貧しいんですよ！（図4‐9）」

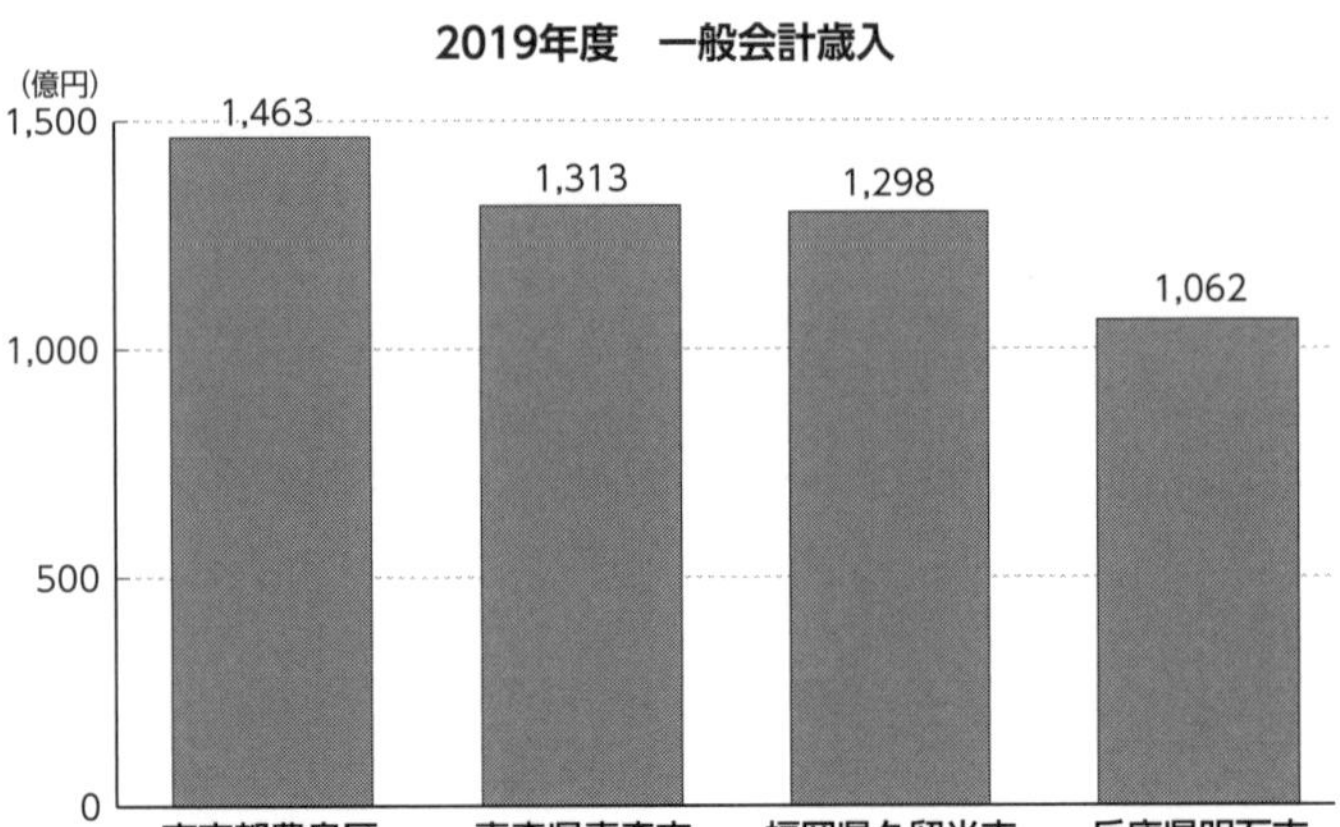

図4-9　比較的厳しい明石市の財政

各市の公開された財政情報より、筆者作成

――ほ、本当だ。だとすると、市議会議員の皆さまが、諸手(もろて)を挙げて子育て支援に力を入れることに賛成してくださったのですか？

市長「そんなこと、あるわけないですやん。就任当初なんて、ひどいもんですよ。市議会議員総勢三十人全員が反対して、全会一致で『市長に議会軽視の反省を求める決議』まで出されたほどです」

――おぉ……議員全員から……。じゃあ、いったいどうやって……？

市長「お金があるとかないとかって考え方が、そもそも間違っているんです。どの自治体でも、予算に余裕のあるところなんて、まずありませんよ。新しい予算をつけるには、別のところから持ってくるしかありません。そして、他のところから予算を持ってこようとすれば、その予算を使っていた人々から確実に抵抗されます」

――まあ、そりゃそうですよね。

市長「私も当初は、その抵抗を甘く見積もっていました。市長になった当初は、高齢者から子どもに予算を回すことを考え、地域に出向いては高齢者に訴えていたのです。でも、甘かった。総スカンでした。高齢者も将来不安で余裕がないんですよ」

――うーん、確かに高齢者は現役世代より優遇されているけど、だからといって今がラクなわけでもありませんしね。

市長「公の無駄の削減から始めなければ理解は得られないと気づいて、**市役所の組織再編などで職員の数を全体の1割にあたる200人削減し、給与も一律で4%減らしました。また公共事業を減らし、下水道整備計画に基づく予算総額を600億円から150億円に削減するなどして予算を捻出しました**」

――それは、市議会議員全員から反対されるのも頷けます……!!

市長「多方面からの壮絶な抵抗にあいながらも、別のところにあった予算を少しずつ削って、子育て支援に回していきました。そして、人口増、それに伴う地域経済の活性化、そして税収のアップと、結果が出るにつれて周囲も徐々に理解を示してくれたのです」

――確かに、初当選の時はわずか69票差と超辛勝だったのに、2期目の選挙では大勝でした。

そして次の選挙では得票率7割の圧勝。30代の支持はなんと9割です。市民の皆さまも、改革の効果を実感してくれたんですね！

市長「市民の理解を得て、ますます子育て関連予算を増やしていきました。2010年に126億円だった予算は、2020年には257億円と、2倍以上。そして、子ども施策を担当する職員数は、3倍になっています」

「とことん人に寄り添う行政」が人とお金を惹きつける

市長「でも、単にお金をたくさん投資すれば、人が集まってくるわけではありません。重要なのは『とことん人に寄り添う行政の姿勢』です。私は、人口増論者ではありません。様々な理由で困っているご家庭があって、そこに本気で寄り添って応援してきた。そうしたら結果的に、人口も出生率も上がっただけです。そして、とことん人に寄り添うために大切なのが、お金と人手の両輪です。両方ないとダメです」

——具体的には、どういうことでしょうか？

市長「例えば、子どもが突然、熱を出し、保育園に預けられなくなって困っているシングルマザーがいます。彼女を助けるには、保育料をタダにしても、現金給付をしてもダメです。

仕事を続けなければ暮らしていけない彼女のニーズは、仕事に行っている間の子どものサポートだからです。そこで、明石市は『万が一の時の人手』、つまり人的サービスに力をいれてきました。**『明石市に住んでいれば、何かがあってもなんとかなる』という安心感・信頼感が、結果的に出生率の回復や、まちの発展に寄与していると思っています**」

──確かに、子育ての当事者として、ここに来るまでに拝見した施設とスタッフの存在だけでも、とても心強く感じました。**世間で話題になる「ベーシックインカム」よりむしろ「ベーシックサービス」が重要というわけですね。**

市長「その通りです。明石市は、子どもが急に熱を出しても、駅前にある病児保育施設に格安で預けられます。子育てに疲れて、誰か大人と話したいと思ったら、親子の交流スペースがあります。一時保育ルームもあるので、子どもを預けて買い物や、息抜きができます。子どもが騒いでもいい図書館だってある。また、離婚をして、パートナーが養育費を払ってくれなかった場合でも、行政がその立て替えをします。児童扶養手当も毎月支給が可能です(国の制度では、年6回のまとめ支給)。子どもの食事に困っている人のために、全小学校区に子ども食堂を設けています。児童虐待を未然に防ぐため、中核市としては関西初の児童相談所を、駅前の一等地に設置しています。子どもが0歳の間は、家に無料でおむつが届きます。届けてくれるのは研修を受けた『見守り支援員』で、子育て相談もできるし、虐待の早期発見にも繋がります」

――まさに「とことん人に寄り添う行政の姿勢」ですね。こりゃ確かに「明石だったらなんとかなる」って思えそうです。

市長「これは、ほんの一例です。でも、たくさんやればいい、というものでもありません。繰り返しになりますが、**大切なのは、人に寄り添うことです。つまり、市民のニーズありき。政治家の『よかれと思って』ほど役に立たないものはありません。**私が思いつきで始めた施策はないんです。市民の声に、生活に、真摯に向き合う。そうすると、必要なことがわかる。それを形にすれば、自然と人は集まってきてくれるんです」

市長にお話を伺って、明石市に人が集まり、出生率も回復して、地域経済まで上向いた理由が、はっきりわかりました。本書でこれまでみてきたように、私たち子育て世代は、困っています。お金に余裕はないし、孤独になりがちです。困ったことがあっても、頼れる人は多くありません。それをサポートしてくれるまちがあれば、そりゃ、引っ越せるなら引っ越すよな！　そして、困りごとが解決されれば憂いなく生活できるし、働けるわけで、家計も潤います。その分、まちの経済が活性化するのも道理です。う～ん、素晴らしい。

でも、でも……、今回、私が泉市長にお話を聞きに来たのは、他のまちで同じことをするにはどうしたらいいかを知りたかったからです。聞けば聞くほど、泉市長がいる明石市にしかできない気がして、逆に落ち込んできた。

「標準家族」をアップデートせよ！

――ここまでお話を伺って、他のまちでは、絶対できない気がしてきたんですが……。

市長「何を言ってるんですか。誰にだって、どこでだってやれますよ」

――そうはおっしゃいますが、泉市長のような方がいないと始まらないのでは……。

市長「そんなことはありません。実際に明石では、市民のニーズを議会に提案してもらい、実現するケースが増えてきました。ポイントは『標準家族』のモデルをどう想定するかです」

――標準家族、ですか？

市長「標準家族とは、税金の試算や行政サービスについて考える際の基準として想定する家族像です」

――ビジネスで言うと、ターゲット像とか、ペルソナみたいなものですね。

市長「政府をはじめ、日本の行政の多くは、標準家族を、勤労する父親、専業主婦の母親、二人の健康な子ども、と想定しています」

――確かに、政府の施策をみているとそんな感じがします。先日の新型コロナの一斉休校なんて、典型的だったかも。日中は家にお母さんがいると思っているという。

市長「でも、私が考える標準家族は違います。父親のDVで母親は心を病み、パートを辞めさせられそうで、子どもはネグレクトぎみで不登校、家の奥には認知症の祖母がいて、借金を抱えている貧困家庭です」

――そ、それはいくらなんでも「標準」ではないのでは……?

市長「重要なのは、現代の家族が抱える問題は子育て、介護、家計、就労など複数の問題を同時に抱えているということです。つまり、ひとつの問題に施策を打っても、他のことを放置していたら何にもならない。困っている家族に安心してもらうには、包括的にその問題と向き合う必要があるんです。この『標準家族』に関する意識改革さえできれば、誰にだってやれるはずなんですよ。明石市では実際にそうなりました」

現代の家族を、ありのまま受け入れる

泉市長のお話を聞いていて感じたのは、市長にとっての「行政の役割」の守備範囲がとても広いことです。朝日新聞のインタビューでは、このように話しています。

> かつて日本社会は大家族主義で、ムラ社会でした。うちは漁師で、10人兄弟だった父の長兄は戦死、身ごもっていた妻は5番目の兄と再婚しました。また知的障害があっても漁網を引っ張る仕事があり、親族や地域の中で食べていくことが可能でした。**でも、いまはサラリーマン社会になり、核家族化が進み、コミュニティーの支え手機能が薄れました。ひとり親家庭や障害のある人への行政の支援が必要な時代になったのです。**
>
> （朝日新聞2017年12月6日朝刊、太字は筆者）

そもそも「福祉」とは、人類の長い歴史の中で、家族やコミュニティーが提供してきたものでした。私が小さい頃でさえ、お隣さんが助けてくれることがあったそうです。母の話によれば、赤ん坊の私の夜泣きがひどかった時、翌朝にお隣のお母さんがやってきて「昨日は夜泣きで大変だったでしょ。赤ちゃんみとくから、ちょっとお昼寝したら」と申し出てくれたそうです。怒られると思ったら、助けてくれたんだ、と。

でも今は、お母さんの多くは、外に働きに出ています。ライフスタイルは変化し、核家族化が進み、地域の関係性も希薄になってきました。つまり現代は、かつてあった助け合いの仕組みが失われている、異常事態なのです。

家族のあり方は現実に変化しているにもかかわらず、家族の役割についての価値観だけが化石みたいに残っている。「子どもは、親が全責任を持って育てて当たり前」みたいな。

でも、長い人類の歴史からいえば、「子どもは地域ぐるみで育てて当たり前」です。明石市がやっているのは、実は特別なことでもなんでもないのです。ありのままの現実を見つめ、現代の家族が必要としていることを見極め、それを行政が音頭を取って地域を巻き込みながら提供しているだけ。家族のあり方が変化して、その困りごとも変化した。だったら、行政も変わって当たり前ではないでしょうか。

今回のインタビューのきっかけとなった問い「いったいどうすれば、他のまちでもやれるのか?」。その答えはとてもシンプルで**「現代の家族のあり方を、ありのまま受け入れる」**でした。そのうえで、みんながどんなことに困っていて、どうすればそれを支えられるのかを考え抜くこと。そうすれば自然と「とことん人に寄り添う行政の姿勢」になっていく。すると、そこに人が集まってきてくれる。まちは元気になっていく。

「ただし」と泉市長は言います。「困っている人を助ける、なんて考え方は間違っています。そんな考えに基づいた施策は、多くの市民からご支持をいただけません。だって、そしたら今困っていない人には、メリットがないでしょ。**支援を要する『人』がいるんじゃないんです。支援を要する『時』が誰にでもあるだけなんですよ**」

思いひとつで、社会は変えられる

泉市長へのインタビューを終えて東京に帰る新幹線の中で、私は物思いにふけっていました。泉市長が市の舵取りを担うようになって、明石市は変わりました。でも、泉市長には、どうしてこんなことがやれたのだろう。

政治・行政を変える、というのは、生半可なことではありません。何をするにも、批判が伴います。いわんや、ここまで突き抜けた改革となると、その反対勢力からの抵抗たるや、ちょっと想像がつきません。それでも、数々の革新的な施策をやり抜き、今なお挑戦を続ける泉市長。その原動力は、どこから来ているのか？

先ほど引用した朝日新聞によるインタビューの続きに、その答えがありました。

原点は弟と過ごした子ども時代です。４歳下の弟は生まれつきの障害で歩けませんでした。5歳でやっと歩けるようになりましたが、自治体からは遠くの養護学校に行くように言われました。両親の懸命の交渉で私と同じ地元の小学校への通学が認められました。

でも、条件がついた。何があっても学校を訴えないことと、兄である私が登下校に責任をもつこと。２人分の教科書をランドセルに詰め、冷たい視線の中を弟と一緒に毎日通学しました。なんて冷たい社会なんだと、世の中の理不尽さを子ども心に憎みました。

運動会のことです。小学校2年生の弟が「50メートル走に出たい」と言い出しました。「迷惑をかける」と両親も私も止めましたが、弟は聞きません。当日、同級生からずいぶん遅れて、でも、うれしそうにゴールする姿を見て、涙が止まりませんでした。**弟が笑われたらかわいそうと言いながら、本当は自分が笑われたくなかったのだと気づきました。幸せを決めるのは本人であり、それを支えるのが周りの役割なのだとも。**その思いは、いまも変わっていません。

（朝日新聞２０１７年12月6日朝刊、太字は筆者）

もちろん、明石市は桃源郷ではありません。明石市政や泉市長に対する批判も当然あります。何かを得ることは、別の何かを捨てることであり、それが失敗したこともありました。この世に完璧なまちはないし、人もいません。

それでも、泉市長の原体験、そこからくる思いが、明石のまちを、そして人を変えたのは事実です。そしてその変化が市民に受け入れられたからこそ、10年（２０２１年4月現在）も市長を続けていられるのでしょう。

たったひとりの思いを起点にして、社会は変えられる。泉市長は、それを見せてくれました。今回は政治の話でしたが、思えば、過去のどんな社会変革だって起点は人の思いであり、そこから生まれた行動です。きっとこれからも、気が滅入るような社会問題が次々と出てくるに違いありません。でも、絶望する必要なんてないんです。だって、きっと変えられる。

思いは、誰だって持っているものだから。

コラム 04

LGBTQ+にやさしいまちは、みんなにやさしいまちになる

現代の家族は、とても多様化しています。でも、社会も法律も、それを前提としていません。その端的な例が、LGBTQ+（Lesbian、Gay、Bisexual、Transgender に、多種多様な性的指向・自認・表現を表す Questioning +の頭文字を加えた表現）の方々の人権問題です。社会や法律が前提としている家族の形ではない、という理由で、多くの不利益を被っています。様々な偏見に晒され、愛する人と公には結ばれず、よって、婚姻制度によって担保される様々な保障が受けられない、等々……。しかし、本書でしつこく取り上げてきた通り、今の日本の生きづらさの根っこにあるのは、多様な家族のあり方を社会が認めないことです。それが少子化や、社会の衰退に直結していると私は思います。

そして、第四章で取り上げた明石市は、ここにも切り込んでいるのです！

Mama+Me+Mama

My family ♡

２０２１年１月８日から**「明石市パートナーシップ・ファミリーシップ制度」**がスタートしました。届出者の戸籍の性別やＳＯＧＩＥ（性的指向・性自認・性表現）を問わず、パートナーシップ関係にある二者を、公に証明する制度です。届出書の提出を受けて、市が証明カードを交付します。

ＬＧＢＴＱ＋のカップルを認知する制度はすでに全国で広まっていますが、明石市の制度には三つの特色があります。いずれも、日本初です。

まず、届出書の様式。なんと、６種類もあって、当事者たちが自分で決められます。具体的には、パートナーシップ、ファミリーシップ、結婚、家族、事実婚、そして、自由記載。どれを選んでも、効力は変わりません。

次に、それぞれに未成年の子どもがいても、家族として公認すること。

最後に、この証明カードを提示することにより、市営住宅での同居が可能になったり、また、市内の全医療機関で家族として病状説明を受けたり、幼稚園や学校で子どもの送り迎えをしたり等々、これまで、原則として〝普通〟の家族にしか認められていなかったことが、できるようになっちゃう。**単に行政がパートナーシップを認める、というだけでなく、具体的な効力のある制度なんです！**

一方で、この制度は革新的には違いないのですが、ちょっと疑問に感じる箇所がちらほら。たとえば、効果が変わらないのだったら、なんでわざわざ書式を6種類もつくったの？　とか。なんで医療機関での病状説明にそんなにこだわったの？とか。証明カードの効力の対象は「全」医療機関であり、それはつまり、市営だけでなく、民間病院も制度設計の段階から巻き込んでいったことを意味します。それって、かなり大変だったのでは？

というわけで、自他ともに認める面の皮の厚さを誇る私が、またまた泉市長に直接聞いてみました（今度は電話で）！

――こんにちは！　またまた前田です！　たびたび直撃してすみませんが、「明石市パートナーシップ・ファミリーシップ制度」はどうしてこんなに複雑な形になったのでしょう？

市長「はいはい、前田さん、こんにちは。元気？　どうしてもこうしても、これは、当事者の方々と一緒につくった制度なんで、当事者の気持ちに寄り添ったら、自然とこういう形になりました」

――それは、当事者の方々の声を聞いた、ということですか？

市長「それだけではなく、文字通り、一緒につくったんです。制度設計にあたり、一緒に取り組んでくれる当事者の方々を、全国から公募しました。99件の応募の中

から市の職員に採用した二人と、元の職員が一体となって制度をつくっていったんです」

――えぇ！

市長「残念ながら採用できなかった97人にも、お話を伺い続けていました。日常生活の中で、具体的に何に悩み、どんな不便に直面しているか、とことん話を聞いたのです。それらをまとめて、現在の法的枠組みの中で何ができるか、みんなで考えました」

――これまでのお話にあった通り、市民のニーズにとことん寄り添うのは明石市政の真骨頂ですが、そのものズバリな制度設計だったわけですね。

市長「そうです。例えば、届出書の様式が6種類あっても手続きが煩雑になるだけでは、なんて声もありますが、これも、当事者の方々からいただいた声を反映させた結果です。人って、言葉に強い思い入れがあるんですよ。『結婚』をしたい人もいれば、『パートナーシップ』の形を望む人もいるし、『家族』にこだわる人もいました。そこには、本当に色々な思いがあるわけです。じゃあ、もう全部認めたらええやないか！　というわけで、こうなりました」

――なんてことだ。何もわかっていない人代表のような質問をしてしまいました……。

市長「ははは。病院の件も同じです。おっしゃる通り、これは制度設計の段階から、民間病院にも相談をさせていただきました。もちろんそれだけ時間はかかりますが、必要だったと確信しています。実際に、パートナーが深刻な病気にかかって苦しんでいるというのに、『家族』ではないという理由で会うことすらできなかった、という話をたくさん聞きました。こんな不条理な話はありません。断固やるべし、と思っていました」

——なるほど、制度の細部のひとつひとつに、当事者の思いが宿っていたんですね。では、今回、泉市長がこだわったのはどんな点でしょうか。

市長「絶対に使ってもらえる制度にする、ということです」

——5年前に渋谷区で「パートナーシップ制度」が導入されて以降、同じような制度は全国に広まっています。制度をつくれば、使ってもらえるのではないですか？

市長「そうとは限りません。例えば、関西のあるまちでは、市長が『よかれと思って』類似の制度をつくったところ、数年間もの間、申し込みが1件もなかったそうです」

——えぇぇぇ!? そんなことがあるんですね……。

市長「思い込みは危険です。行政が『パートナー制度を導入します』と提案しても、『いらんわ、そんなもん』と言う当事者もいる。パートナーと認められることで、自分たちの悩みが具体的に解決されるのか、と。『何も解決されないの？　じゃあええわ』となるでしょう。もちろん、行政が認めるということ自体に価値を感じる方々もおられますが、そうは考えない方々も、少なからずいるのです。行政でも、民間でも、ひとりよがりはダメなんです」

――なんてことだ。今度は、仕事ができない人代表のような質問をしてしまいました……。

市長「明石市では、1月8日に制度をリリースしたその日に、3組の申し込みがありました。使っていただけて、本当によかったです」

――泉市長は、市民をサポートする革新的な施策を矢継ぎ早に打ち出し、大きな効果をあげてこられました。でも、今回は、渋谷区が「パートナーシップ制度」を打ち出してから5年が経過しています。もっと早くやろう、とはお考えにならなかったのでしょうか。

市長「正直言って、悩みました。当時からこの動きには注目していましたし、やりたかったです。でも、確信が持てなかったのです。市民のニーズに応えていける、という確信、また、明石市民が制度を受け入れてくれる、という確信です」

――確信が必要なんでしょうか。

市長「繰り返しになりますが、『よかれと思って』はダメです。市民のニーズありき、課題ありきなのです。5年前は、それができるのか、私には自信がありませんでした。政治というのは、市長が決めたら後は勝手にうまくいくというものではありません。市民、地域の受け入れ体制が必須ですが、当時はまだその土台がないと感じていました」

――「土台が整った」と感じたのはいつなのでしょう？

市長「2019年に入った頃にそう感じ、9月議会では『翌年からパートナーシップ制度を導入する』と公表はしていました。正直、まだ悩んではいましたが、同年11月に行われた『明石プライドパレード』で、確信に変わりました。堂々とパレードする市民の姿、そして彼/彼女たちを見つめる市民の姿を見て、いけると確信したんです。直後の12月には、一緒に制度をつくる当事者の公募を開始しています。明石市の施策は、常に市民が起点です。私が思いつきで何かを始めることはありません」

――では、最後になりますが、これからLGBTQ+をとりまく課題にどのようにコミットされていくか、お考えを伺わせてください。

市長「いやいや、そんなのしませんよ」

――え？（あれ？　聞き間違い？）

市長「私は『LGBTQ＋をとりまく課題にコミット』したつもりはないですし、これからもしません」

――えぇぇぇ！　最後の最後に、なんでそんなちゃぶ台返しのようなことを⁉

市長「だって、そうですもん。『明石市は子どもにやさしいまちですよね』とかもよく言われます。それは実際、他のまちよりも、たくさん投資はしています。でも、違います。明石市が子どもにやさしいのではありません。他のまちが、冷たすぎるんですよ。私は行政の仕事は、『市民』にとことん寄り添うことだと思っています。子どもでも、障害者でも、

明石プライドパレードで、まちを行進する人々。プライドパレードは世界的に行われているLGBTQ＋の文化を讃えるイベント。
提供：秋山理央

高齢者でも、無戸籍者でも、そして、ＬＧＢＴＱ＋でも。市民が困っていたら、それが誰であれ、寄り添うのは当たり前です。それが、行政の仕事なのですから」

――そうか。「ＬＧＢＴＱ＋」という特別な存在を助けよう、ということじゃないんですね。

市長「そうです。誰だって、ちょっとずつ特別な部分を持っています。それは、程度の問題に過ぎません。私はずっと、変わり者だと言われてきましたし、その自覚もあります。だから、〝普通〟の人しか生きていけない社会になったら、私なんて、真っ先に排除されてしまいます。子どもだろうと、**ＬＧＢＴＱ＋だろうと、誰であろうと、ありのままの自分で生活できる社会の方がいい。だから、今回の制度も、ＬＧＢＴＱ＋の方々のためにやったんじゃありません。私自身も含めた、全市民のためにやったんです**」

――そういうことですね。では、質問を変えます。これから明石市を、どういうまちにしていきたいですか？

市長「**『ありのままが当たり前のまち』です。**うちのまちは、それがコンセプトですから」

第五章
パパだから、ちょっと社会を変えてみた

平日は、娘を保育園に送ってから出勤するのが日課です。保育園に通い始めた頃は、入り口でギャン泣きして、「私を置いていくつもりかー！　薄情者ー!!」と言わんばかりでしたが、今となっては、ろくにバイバイもせず、さーっと部屋の奥の方に入っていって遊び始めてしまいます。逆にこっちが、寂しい思いをするほどです。

仕事を終えてお迎えに行くと、先生から連絡帳を受け取ります。そこには、娘の日々の成長が事細かに書かれています。それを読むのが、一日の終わりの楽しみです。娘がお友達と一緒に遊んだこと、ケンカをしたこと、ご飯をがっついていること、お外で遊ぶ時は一番に飛び出していくこと、等々、その時の様子が目に浮かびます。妻と一緒に「あー、やりそうだよねー」なんて言って、笑いながら読んでいます。

子育ては大変だけど、幸せ。そう思えるのは、保育園の先生をはじめ、娘にかかわってくれるすべての人のおかげです。皆さまが真摯に娘と向き合ってくださるから、娘は親から離れても楽しくその時間を過ごせて、家の中だけでは得ることのできない経験をして、日々、驚くべき成長をしています。家族だけで子育てしていたら、きっとこうはならなかっただろうな。先生方には、感謝と、そして尊敬の念でいっぱいです。

保育園の先生方との「共同子育て」の体験を通じて、みんなで支え合って子育てができる社会をつくりたい、と改めて思いました。私が所属する認定ＮＰＯ法人フローレンスは、まさにそんな社会をつくるために活動している組織です。育休から復帰した後、一層仕事に熱が入るようになりました。

青天の霹靂だった「キッズラインショック」

そんな野望に燃えていた２０２０年６月、にわかに信じがたいニュースが飛び込んできました。ベビーシッターマッチングサービス大手である株式会社キッズラインの登録シッターが、派遣先の子どもに対する強制わいせつ罪で逮捕されたのです。

ジャーナリスト・中野円佳さんの記事によれば、わいせつ行為は外遊びに連れていった公園のトイレで、あるいは、大胆にも親が在宅勤務をしている隣室でも、行われていました。助けを求めた子どもが母親のいる隣室の扉を開けようとすると、シッターは「ママはお仕事しているから入っちゃやだめだよ」と制止しました。後日、子どもの様子がおかしいことに気づいた保護者が、本人に理由を聞いてみると、シッターにわいせつ行為をされたことを告白したのです。子どもは、こう言いました。

「やめてって何度も言ったのに、やめてくれなかったの！」

胸が締め付けられました。もし自分の子どもが被害者だったとしたら、こんなに悲しくて、悔しいことはないと思いました。信頼して子どもを任せていたのに、その立場を利用して、これほど卑劣な行いをする大人がいるなんて……。こんな非道な仕打ちに子どもが遭遇する可能性を、私は想像すらしていませんでした。

また、私にとっては、親としてだけでなく、保育サービスを運営する組織の一員としても大問題でした。みんなで支え合って子育てする社会を目指して働いているのに、これでは、安心して子どもを他の人に任せられなくなってしまいます。全く、他人事とは思えませんでした。

男性が子どもとかかわる仕事をしてはダメなのか

事件を受けて、キッズラインは再発防止策として男性シッターのサポートを一時停止しました。専門家曰く、男性シッターが性犯罪を犯す確率が高いから、とのこと。

しかし、これが本質的な解決策になっているとは思えません。**米国司法省の統計データによれば、保育現場の性犯罪の77％は男性シッターによるものですが、身体暴力の64％は女性シッターによるものです。**男性を業界から締め出せば、子どもの安全が確保されるわけではありません。

また、この方法は個人的に納得しがたいものでした。世間に偏見があることを承知で、それを覆（くつがえ）すべく人一倍頑張って働いている男性保育士の仲間を見てきたからです。彼らの日々の努力を踏みにじるような措置には、怒りを覚えました。

さらにいえば、「保育は女性がするもの」という誤ったメッセージの発信にもなっています。子育てにせよ、保育にせよ、性別は関係ないはずです。私は自身の子育てで、それを身をもって体感してきました。だからこそ、もっと根本的な方法で、この問題を解決する必要があると思いました。どうすればこんな悲しい事件を二度と起きないようにできるか、考え

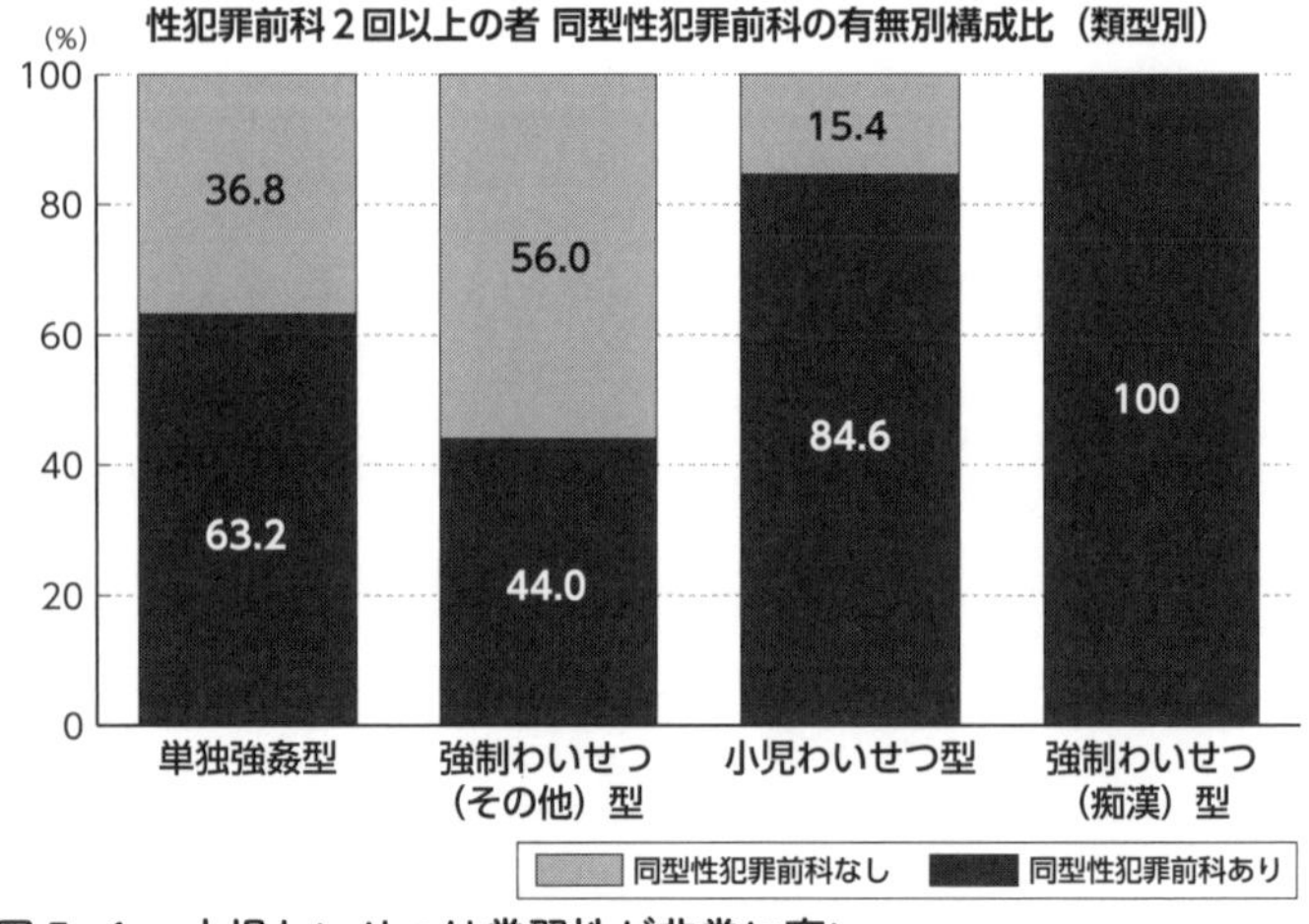

図５-１　小児わいせつは常習性が非常に高い
出典：法務省「犯罪白書（平成27年版）」

る日々が始まりました。

日本には、子どもたちを性犯罪から守る仕組みがない

子どもに対する性暴力について調べていくと、これはキッズラインに固有のものではなく、保育業界全体の構造的な問題だとわかりました。**日本の法律では、過去に性犯罪の前科がある者でも保育現場で働くことができるのです。**

小児わいせつの特徴の一つに、きわめて高い再犯率と常習性があります。法務省の調査によれば、**小児わいせつの再犯率は性犯罪（刑法犯）の中で最も高く、**５年以内の再入率（出所受刑者人員のうち，出所後の犯罪によ

り，受刑のため刑事施設に再入所した者の比率）は9・5％、小児強姦では5・9％に及びます。また、性犯罪前科2回以上の者で同型性犯罪前科を持っている率は84・6％と、きわめて高い数値となっています（図5－1）。

性犯罪者の加害者臨床に携わっている精神保健福祉士・社会福祉士の斉藤章佳（さいとうあきよし）氏の著書『「小児性愛」という病』によれば、**小児性犯罪の問題で受診した性加害経験者117人のうち、16％が「子どもに指導的な立場で関わる仕事**（保育士、教員、塾講師、スポーツインストラクターなど）**」に就いていたそうです。**

小児わいせつという犯罪の性質を考えれば、保育業界、というより、子どもとかかわる職場から、性犯罪の前科者を除外する必要があるはずです。しかし、現状ではその仕組みが日本には存在しません。過去にどんな卑劣な小児わいせつを行った犯罪者でも、子どもとかかわる現場に復帰が可能なのです。サービスの運営者も、利用者も、そのスタッフが過去に小児わいせつの前科があるかどうか、確認する術がありません。これでは、いち民間企業がいくら努力しても限界があります。

諸外国では、ここにきっちり対策をしています。フランス、ドイツ、アメリカ、カナダ、ニュージーランド等々では、性犯罪歴がある人は、子どもとかかわる現場で働けない仕組みをそれぞれ持っています。中でも参考になるのが、イギリスです。ＤＢＳ（Disclosure and

Barring Service：前歴開示及び前歴者就業制限機構）という公的機関が、犯罪経歴証明書を発行しています。**これを教育監査局に提出しないと、子どもとかかわる現場で働けません。**対象は、「18歳未満の子どもに1日2時間以上接するサービスにかかわるすべての人」です。これには、ボランティアも含まれる徹底ぶり。

一方、我らが日本はというと……、今回、問題が発生したベビーシッターには、規制が、本当に、何もありません。行政に届出さえすれば、実質的に誰でもなれてしまいます。**保育士や教員は、小児わいせつが露見すれば原則、懲戒免職で免許取消ですが、なんと、保育士は2年、教員は3年で免許の再取得ができます。**それぞれ、法律に明記されています（児童福祉法、教育職員免許法）。さらに言えば、例えば教育現場で児童に対してわいせつ行為を行って懲戒免職になっても、保育現場では普通に働けます。逆もまたしかりです。

これ、どう考えてもおかしくない？　日本にも、保育・教育現場への就業希望者に犯罪経歴証明書を発行し、就労前に犯罪歴をチェックする仕組みが必要だと思いました。そして**「日本版DBS」**として、社会に実装できないだろうか、と考えるようになりました。

なお、この話をすると「犯罪者の社会復帰を邪魔するのか！」というコメントをいただくのですが、私は性犯罪者であれ誰であれ、社会復帰の応援はしたいです。ただ、「子どもとかかわる職場」からは外してくれ、と言っているだけです。

社会に散らばる小さな思いが、ＳＮＳで繋がった

まずは声をあげねば始まるまい！　という思いに駆られてｎｏｔｅで記事を書き、この問題を発信してみました。「＃保育教育現場の性犯罪をゼロに」というハッシュタグをつけて、世論喚起を狙ったのです。本件に関心を持っていただけそうなインフルエンサー一人一人にご相談して、記事の拡散にご協力いただきました。その甲斐あって、記事は本当に多くの人に読んでいただくこととなり、「＃保育教育現場の性犯罪をゼロに」のハッシュタグは、破竹の勢いで広がっていきました。

でも、現実は厳しい。この拡散に背中を押されて、政治家や官僚にアプローチをしてみましたが、門前払いか、塩対応。ＳＮＳで少し拡散されたくらいでは、どうにもなりませんでした。冷静に考えれば、性犯罪者を保育・教育現場からキックアウトする制度の必要性は多くの有識者や専門家が長年指摘してきたことであり、今さら自分のような素人が騒いだところで、大海の一滴に過ぎません。

己の無力を呪いながら、次の一手を考えあぐねていた時、ＳＮＳ経由で一通のメッセージが届きました。送信元は、ある現役のベビーシッターさん。今回の事件に心を痛め、保育現

場での就業を希望する場合は犯罪経歴証明の提出を義務付けることを求める署名活動を行っておられた参納初夏（さんのうはつか）さんでした。これまで全く面識はなかったのですが「記事を読んで勇気付けられた」とおっしゃってくださいました。

勇気付けられたのは、私の方でした。そしてこの時、大切なことを思い出しました。今までフローレンスで学んできたことを、なんで忘れていたんだろう。**社会は、ひとりでは変えられない。みんなの力を合わせねばなりません。いわゆる、コレクティブインパクト。**様々なプレイヤーが共同して社会課題解決に取り組む、という意味です。

私は迷いなく参納さんにお声がけし、ここから方針を一転して、本格的に仲間集めを開始しました。次にご相談したのがジャーナリストの中野円佳さんです。そもそも私が本件に強い問題意識を持ったきっかけは、本章冒頭でもご紹介した通り、中野さんの記事でした。中野さんを通じて当事件の被害児童のお母さん（Aさん）と繋がることもできました。

そして「他の子どもたちを、二度とこんな目にあわせたくない」という思いから、Aさんが私たちと一緒に立ち上がってくれることになったのです。もし、自分の娘が同じ目にあっていたら、彼女のように勇気を出して声をあげることができただろうか……。その勇気を心から尊敬します。

当事者たちの声を社会に届けるには、マスメディアの力も必要です。だから、記者会見をやらねばと考えていました。しかし、自分にはそんなノウハウはないし、何より、スケジュールがヤバイ！　この頃になると、政治家、官僚、弁護士、学者、メディア関係者の方々に本件のご相談をしたり、国内外の法律や制度の情報収集、そしてその発信をしたりと、私の体一つではどうにもならなくなってきていました。もちろん、本業も、8カ月になっていた娘の子育てもあります。睡眠時間がアカンことになっていました。

そこで、覚悟を決めて、フローレンス代表の駒崎弘樹に相談に行きました。フローレンスの広報チームの力を貸してもらえませんか、と。経営者の立場からすれば、社員が勝手にソーシャルアクションを始めたと思ったら、会社の資源を貸してくれと泣きついてきた構図なわけで、さすがに怒られるかもしれない……！　ところが、逆に熱い応援をもらい、即断即決で認めてくれました。親分……！（涙）。広報チームのみんなも超多忙だったのに、突然降って湧いたこの案件を快く引き受けてくれました。この瞬間から、広報周りのタスクすべてを担ってもらい、本当に頭が上がりません！

これで保育現場に関しては、事業者（弊会）、現役ベビーシッター、そして被害者家族と、当事者が勢揃い。それを世に出す広報チームまでいます。このまま記者会見まで走り切ろう、そう思っていました。

しかし、記者会見まで1週間を切ったある日、友人（女性・Bさん）から連絡がありました。記事を読んだのだけど、相談したいことがある、と。

娘さんが小学3年生だった2年前、担任の男性教師から性的な被害を受けた、という衝撃の内容でした。今年になって、同級生の被害が明らかになったことがきっかけとなり、娘さんも被害を受けていたことを知った、と涙ながらに話してくれました。

休み時間や放課後の教室で、担任の机に呼ばれ、他の児童もいる中で、下着の中から体を触られていた。それは毎日と言っていいくらい、数え切れないほどの回数だった、と。Bさんは、続けて言いました。この教師は、懲戒免職になっている。でも、それはたったの3年間。3年後には教員免許を再取得して、教育現場に復帰できる。それは絶対におかしいし、悔しい、と。

Bさんの話を聞きながら、涙が出てきました。この国は、いったい何をしているのだろう。大人たちは、何をやっているのだろう。私は保育現場のわいせつ事案で頭がいっぱいになってしまっていたけれど、私たちが守りたいのは、子どもたちみんなです。保育現場だけではなくて、教育現場もなんとかしないといけない。

急な話ではありましたが、Bさんにも記者会見にご登壇していただけないかご相談すると、力強く引き受けてくださいました。

みんなの思いを込めたボールを、社会に投げこんでみた

2020年7月14日、厚生労働省にて「#保育教育現場の性犯罪をゼロに」の記者会見が行われました。この会見で伝えたかったことは、たったひとつです。性犯罪の前科者を、子どもとかかわる保育・教育の現場で働けないようにしてほしい、それだけです。

キッズラインの登録シッターの性暴力被害にあった児童のお母さん（Aさん）、都内の小学校の担任教師による性被害にあった児童のお母さん（Bさん）、現役ベビーシッターの参納さん、そして、フローレンス代表の駒崎。それぞれの立場から、日本版DBS実現の必要性を訴えていただきました。もう二度と、子どもたちをこんな悲しい目にあわせたくないと。

「#保育教育現場の性犯罪をゼロに」記者会見の様子

涙ぐみながら子どもの被害を訴えるAさん、Bさんの話を初めて聞いた時、私は悔しくて悔しくてしかたなく、自分の無力さを呪いました。でも、今回の記者会見では、大手テレビ局から全国紙、各種メディアからご参加いただいた多くの方が、彼女たちの声に耳を傾けてくれまし

た。彼女たちの、そして私たち保護者の悔しさを、共有できたのです。これまで多くの人が長く願い、訴えてきたことが、社会を変える大きなうねりになろうとする瞬間をリアルタイムで目にしました。

実際、この記者会見には本当に大きな反響がありました。その日のうちにＮＨＫや民放のニュースで放映され、翌日にはほぼすべての全国紙が記事にしてくれました。バズフィードやハフポストなどのインターネットメディアも、それぞれ素晴らしい記事をアップしてくれました。

参納さんたちが集めていた署名は、記者会見前は数百件でしたが、この後急激に数を伸ばして、あっという間に2万件を突破！

記者会見、そしてメディアを通じて、子どもたちの「助けて」という声が日本全国に届いたのです。子どもたちの助けを呼ぶ声は、懸命に耳を傾けようとする人にしか届かない、細く小さな叫びです。特に性犯罪の被害児童は、声をあげることすらできないケースも多いのです。この状況を放置していては、絶対にいけない。子どもが困った時にはいつでも、「君の声は聞こえているよ」と言える社会でなければいけない。だから、私たちが踏み出した小さな一歩は、とても意味のある一歩だったと思うのです。

みんなの声を、大臣に届けてみた

もちろん、これで終わりではありません。私たちのゴールは、子どもたちを性犯罪から守るために法律を変えることです。世論の後押しをバックに、改めて政治家に相談しようと考えていましたが、政治家なら誰でもいいわけじゃありません。真摯に当事者の話を受け止める共感力があり、しかも実際に動く機動力があり、さらに法改正の流れを作るだけの権力のある政治家でなければ！

そんな激レア政治家を見つけ、会って話をするまでこぎつけるのは、またも茨の道……のはずだったのですが、記者会見を終えたわずか2日後、代表の駒崎から信じがたいチャットが飛んできました。

「森まさこ法務大臣が会ってくださるって。明日」

「え？　ダイジン？　アシタ？」とフリーズしたのも束の間、広報チームが爆速で対応してくれて、みるみる準備が整っていきました。翌日には森法務大臣（当時）との会見が実現。日本版ＤＢＳの要望書と、参納さんたちの2万件を超える署名を手交しました。

実は森氏は以前から性犯罪対策に強い関心を持っておられ、専門家を交えた勉強会を定期的に実施しておられました。事件のことも、そしてＤＢＳの仕組みもすでにご存知でした

（話が早すぎる！）。そして、日本版ＤＢＳ実現に向けて強力な後押しをいただいたうえ、「この件なら、橋本聖子内閣府特命担当大臣（当時）にも持っていった方がよい」と、なんとその場で橋本大臣に電話してアポを取り付けてくださいました。

後日、橋本大臣にも意見書と署名をお渡しすると、「しっかり進めていく」と心強いお返事をいただきました。子どもたちの小さな声が、受け止めた大人たちに反響して大きくなり、政府の中枢にまで届いたのです。ここまできたら、きっともうトントン拍子に進んでいくに違いない！　この時の私は、そう思っていました。

森法務大臣（当時）に、日本版ＤＢＳの要望書と2万件を超える署名を手交してきました！（左から森大臣、駒崎、著者）

変えるリスクに敏感なのに、変えないリスクに無頓着

ところが、制度の実現に向けて具体的な話に入ると、全然前に進みません。いくつかの「できない理由」は想定していましたが、議員・官僚各位に相談したり、専門家に知見をお

借りしたりして乗り越えてきました。ところが、乗り越えても乗り越えても、また別の「できない理由」が目の前に立ちはだかります。「でも、こんな法律もあって、できないみたいですよ」「あ、それはうちの管轄じゃないので、〇〇省にご確認ください」。これらのハードルは、一つ一つ、みんなで乗り越えていけばいいことです。でも、このハードな日々の中、私の心の中にフツフツと沸きあがり、ジワジワと気力を奪っていく思いがありました。**「私たちは、いったい、誰と戦っているんだろう？」**

例えば、本件に対して鬼の形相で猛反対する政治家や官僚がいれば、根気強く対話を続けるという道がありますし、闘志も湧きます。少なくとも、やるべきことは明確になるでしょう。でも、そういう人は、どんなに奥に分け入っても、いないのです。「キミィ！　こんなふざけた制度は絶対に許さんぞ！」が、ない。誰も敵意を持って反対しないのです。でも、できない理由だけはきっちり見つけてくる。「できない理由じゃなくて、できる理由を見つけてきてくださいよー！」と、何回叫んだかわかりません（心の中で）。

まるで、急な坂を転がり落ちる鉄球を見ている気分です。「**社会の慣性の法則**」とでもいいましょうか、先人がつけた轍（わだち）の上に、道はすでに完成しているようなのです。急勾配（こうばい）を転がり落ちる鉄球の進路は、坂の上から鉄球を手放した本人たちでさえ、変えられない。私たちは、球が進む逆側から手を振って、「こっちです‼」と必死に叫びます。坂の上の人たちも「うんうん、そっちがいいね！」と言っています。でも、勢いを増した鉄球は、誰の意向も汲むことなく、すでに決められた道を辿り続けるのです。

改めて社会を見渡すと、社会の慣性の法則は、至る所でみられます。思えば、本書でこれまで取り上げてきた男性の家庭進出が進まないのだってそうだし、親子に投資をしない国の姿勢だってそうです。「これまでそうだったから」という理由で、今もそれがなんとなく引き継がれています。それが、みんなの首を絞めているというのに。

制度を変えることは常にリスクを伴います。社会は様々な要素が複雑に絡み合ってできているので、何かを変えれば予想外の場所に影響が出ることもあります。政治家や官僚の皆さまが変化に慎重な理由は、とてもよくわかります。

でも、これだけは言わせてほしい。**変えるリスクはもちろんある。でも、変えないリスクを無視していいのか。今まさに子どもたちが晒されているリスクを、どう考えるのか。**

私たちがこの活動を進めている最中にも、保育・教育現場で子どもたちが性暴力に傷つけられたというニュースが次々と入ってきます。その都度、被害を受けたご家族に申し訳ない気持ち、変わっていかない現状への苛立ち、無力感、不甲斐なさ……これらの負の感情が渾然一体となってドッと押し寄せてきます。

さらに、この頃に増えてきたＳＮＳでの批判が、とぐろを巻いた負の感情に疲労感を上積みしてきて、もはや私のライフゲージは底を突く寸前！　曰く、「加害者の人権無視！」とか、「売名行為（笑）」とか。夜な夜な、妻に愚痴っておりました（ごめん）。

炸裂！　コレクティブインパクト!!

こんな事態に陥りながらも心が折れなかったのは、一緒に活動してくれている仲間のおかげでした。最初は私が一人でイキってｎｏｔｅで記事を発信していただけだったのに、時間が経つにつれ、一人、また一人と、本件に強い関心を持つ人たちが、声をかけてくださるようになったのです。気がつくと、保育・教育現場の当事者や、政治家、官僚、学者、専門家、そしてメディア関係者と、強力なネットワークが出来上がっていました。ＳＮＳのメッセージグループやメーリングリストを通じて、頻繁に情報共有がなされるようになり、この問題にかかわる大小さまざまな情報が入ってくるようになりました。

そして、フローレンス社内のバックアップ体制もより充実してきました。社外メンバーを巻き込んだ「政策シンクタンクチーム」の案件にしてもらったのです。社内メンバーは代表の駒崎を筆頭に、積極的にソーシャルアクションを行っている経験豊かな社員、そして社外メンバーは元官僚のコンサルタント、さらに現役官僚の方々です。仲間たちから入ってくる情報を元に、このチームが法的、制度的な課題を洗い出し、作戦が議論されるようになりました。そうして日々を過ごすうちに、私もこの分野に関する知識が身についてきました。

そんなある日のこと、自民党の木村弥生議員からご連絡をいただきました。自民党の政務調査会・女性活躍推進特別委員会で、日本版DBSについての話をしてくれないか、と。自民党の政務調査会とは、党の政策の調査研究と立案を担当し、審議決定をする機関です。つまり、ここで日本版DBSを議員各位に共有することは、法律を変えるための大きな一歩となります！

木村議員は、野田聖子議員らとともに国会議員として長らくこの問題に取り組まれており、地道に日本版DBS実現を働きかけてくださっていました。最近の世論の高まりで、党内に本件を打ち込む機会が巡ってきたのです。そして、私がこの問題に関心を持ち始めた当初に、子どもに対する性暴力対策をめぐる政治の動きを詳しく教えてくださったのが、木村議員でした。

もちろん「やらいでか！」と、早速準備に取り掛かりましたが、不安もありました。自民党の議員に、この問題に関心を寄せてくれる人がどれくらいいるのだろうか、と。私の勝手なイメージですが、保守的な考えを持っている人が多そう。委員会当日に何人来てくれるのだろう。それどころか集中砲火にあったりして……。

果たして当日、２０２０年11月12日、報道関係者がカメラを構えている中で、自民党本部に乗り込みました。議員の席には……あれ……**誰もいねぇ!!**

資料とお茶だけが、所在なさげに机に並んでいます。一方で、官僚側の机にはきっちり皆さま勢揃い。おお、これは、いったい誰に向かって説明する会なの!?

無常にも時は過ぎていき、議員席空席のまま定刻に。座長の松島みどり議員、座長代理の木村議員の挨拶の後、メディアの方々は写真撮影をして退出していきました。会議は、自由闊達（かったつ）な議論を担保するために、非公開なのです。

肝心の与党議員が誰もいないけど！　とにかく、やれるだけのことはやろう！　せめて、官僚の皆さまの記憶に留まるようなプレゼンをしてやるッ！　と、ガッチガチになりながら発表資料を手に取った時でした。

ドラマのワンシーンさながらにバンッと勢いよくドアが開き、議員の皆さまがぞろぞろ入ってきたのです。「ごめんなさい！　国会で遅れました！」と。メディアと入れ替わりで、議員席はあっという間にほぼ満員。突然、場が活気付きました。「うわ〜、『半沢直樹』みたい！　あー、よかった〜、助かった〜（涙）」という安心感で私の緊張もほぐれ、思う存分話ができました。熱を込めすぎて少々長引いてしまった講演が終わると、議員の皆さまから熱い拍手をいただきました。その後の質疑応答では、前向きかつ建設的な質問がたくさん！

これまでの活動では、糠に釘を打っているみたいな反応が多かった中、久しぶりに手応えを感じました。

そしてその翌日、石川あきまさ議員、浮島とも子議員が文部科学委員会で、そして、稲田朋美議員が法務委員会で、教育現場での児童へのわいせつ行為について、とても鋭い質問をしてくださいました。萩生田光一文部科学大臣、上川陽子法務大臣（ともに２０２１年４月現在）から、それぞれ前向きな答弁あり！　よっしゃぁ！

さらに後日、野田聖子議員と木村弥生議員らが、この委員会用に作成した資料をまとめて、上川法務大臣に手渡し、日本版ＤＢＳの実現を直接訴えてくださいました。みんなで積み上げてきた思いが、じわじわと政治の世界に浸透していくのを感じました。

そして、政治が動いた

それから、およそひと月、２０２０年12月25日。「キッズラインショック」をきっかけに私たちが声をあげてから、約半年。「社会の慣性の法則」に支配されていた鉄球が、違った方向に動き出す瞬間が訪れました。この日、第５次男女共同参画基本計画が閣議決定されました。その中に、日本版ＤＢＳの概念がしっかり明記されていたのです。該当部分を引用します。

教育・保育施設等や子供が活躍する場（放課後児童クラブ、学習塾、スポーツクラブ等）において、子供に対するわいせつ行為が行われないよう、法令等に基づく現行の枠組みとの関係を整理し、海外の法的枠組も参考にしつつ、そこで働く際に性犯罪歴がないことの証明書を求めることを検討するなど、防止のために必要な環境整備を図る。

（第5次男女共同参画基本計画）

「閣議決定」とは、政府の方針の中でもっとも重いものです。行政は、この意思決定に縛られます。もちろん、これで日本版ＤＢＳの実現が決まったわけではありません。「検討することが決まった」という感じです。しかし、これは大きな一歩です。何せ、政府が公式に「検討する」と言ったのだから！

これまでは、あくまで私たちフローレンスや関係各位が市民の立場で政治行政に日本版ＤＢＳの実現を働きかけてきました。でもこれからは、政府が旗を振って本制度の実現に向けて動くのです。関係者から内幕の話を聞くと、この文言は、直前まで基本計画の中には入っていなかったそうです。それが、政府与党の関係各位のご尽力により、ギリギリで差し込まれたのだとか。本当に、なんとお礼を申し上げればいいか……！

すでに、関係各省は急ピッチで動いています。２０２１年1月28日には、厚生労働省の社会保障審議会児童部会「子どもの預かりサービスに関する専門委員会」が、**児童に対するわいせつ行為等の問題が発覚したベビーシッター事業者を、個人事業者も含めて、データベース化する方針を示しました。**これが実現すれば、ベビーシッターを利用する前に、その事業者が過去にわいせつ行為を行っていないか、確認できるようになります。

文部科学省でも、大きな進展がありました。児童に対するわいせつ行為で懲戒免職になった教員（幼稚園教諭含む）がたった3年で復帰できる、という法律を変えるには至りませんでしたが、**わいせつ教員の情報を40年間データベースに残すことを決定。２０２１年２月から、制度運用が開始されています。**学校側は、教員を雇用する際にこのデータベースを確認します。これで実質的に、わいせつ行為で懲戒免職になった教員は、教育現場には戻れなくなります。

厚労省、文科省の施策にはそれぞれ課題があり、改善していく必要があるでしょう。しかし、この制度設計に携わってくれた民間の専門委員、官僚、議員は、厳しい法律の制約がある中で、子どもたちを守るために今できることをやろうと、知恵を絞ってくださいました。議事録や報告書の一文一文に、苦悩と工夫の跡をビシビシ感じます。

そしてもう一つ、各省がそれぞれの業界の中で規制を強めても、小児性愛者は業界をまたいで犯行に及ぶ問題がありました。これを解決するには、行政の縦割りを廃し、「子どもとかかわる業界すべて」が連携して対策を打たねばなりません。これは、実現のハードルが極めて高いと考えられていました。しかし、子どもの安全を守るには、必要不可欠です。

ついにここも、動き始めました。2021年2月、**「行政の縦割り打破」を目的とした自民党の行政改革推進本部が、日本版DBS実現のためのプロジェクトチームを発足させたのです。**実は私も講師としてお声がけいただき、参加議員とご相談しながらプロジェクトを前に進めています！

自民党行政改革推進本部の勉強会で講演する筆者

さらに、自民党の若手議員が中心となり、親子にまつわる社会問題を一元的に扱う**「こども庁」**創設の議論も始まりました。こちらの勉強会にも講師としてお声がけいただき、日本版DBSの必要性について、魂を込めて訴えてきました。

野党の皆さんも、頑張ってくれています！　玉木雄一郎（たまきゆういちろう）代表率いる国民民主党は、日本版DBSの実現に向けて国会に法案を提出すべく活動中！　国会審議でも、鋭くも建設的な質問を矢継ぎ早に繰り出してくれています。子どもたちを守るため、与野党の枠を超えて、政治が動いています。政治って、ろくでもないものだと思っていたけれど、いざ現場に足を運んで議員の皆さまと膝を突き合わせて話をしてみると、「社会を良くしよう」と粉骨砕身(ふんこつさいしん)で頑張っている人が本当にたくさんいて、感動しました。

開いた「窓」を閉めさせない

保育・教育現場から性犯罪をなくすには、まだまだ多くの課題があります。これからはいよいよ、法律を変えるステージに突入です。かつてない困難を伴うはずです。でも、やらねばなりません。だって、次にこんなチャンスが来るのは、いつになるかわかりません。

「政策の窓」という考え方があります。政治には大きな流れがあって、いろんな条件がそろった時に初めて行政の「窓」が開き、政策変更が現実のものとなるという考え方です。実際には「これをやれ！」「こっちが先だ！」と、私たちも含む関係団体が我先にとこの窓に殺到し、陳情や政策案を放り込もうとしている状態です。社会問題は星の数ほどありますが、法律や制度を変えられる官僚や政治家の数は限られています。よって、解決すべき社会問題には優先順位をつけねばなりません。「窓」の周囲は、凄まじい交通渋滞が起こっています。

普通、ここに割って入るなんてことは、まずできません。

その交通整理をしているのは、政治家であり、その政治家を動かしているのは世論です。「キッズラインショック」に端を発し、関係各位の働きかけで世論が動き、政治家が動き、そして今、私たちの目の前には「政策の窓」が小さく開いています。でも、この窓はいつ閉まるかわかりません。

一度閉じてしまったら、次にこの窓が開くのは、また子どもが凄惨（せいさん）な性暴力にあった時でしょう。何年先になるかもわかりませんし、そんな悲劇は、もうたくさんです。今、わずかに開いている窓を、閉めさせるわけにはいかないのです。

今、この瞬間も、中枢にいる方々が頑張ってくれているはずですが、まだまだ先行きは不透明です。あなたが本書を読んでくださっている今、本件がどこまで進んでいるか、ぜひ「日本版ＤＢＳ」で検索してみてください。そして、もし「全然進んでないじゃん！」と感じたら、この話を職場でしてみたり、ＳＮＳで発信したりしてもらえたら嬉しいです。

「世論」とは詰まるところ、私たち一人一人の思いです。社会を変えられるのは、子どもたちを守れるのは、私たちだけです。

「村人A」なパパたちへ

私は、普通のパパです。政治家でも、官僚でも、有名人でもないし、専門家ですらありません。**ドラゴンクエストみたいなゲームの登場人物なら、完全に「村人A」です。**勇者や、人並外れた力を持った戦士がモンスターと戦っているのを、がんばれー！　って脇で応援していた存在です。「キッズラインショック」が起こるまで、社会を変えようなんて大それたことは、想像すらしていませんでした。それなのに、どうしてこんなことになったのでしょう？

おそらくは、私の中に芽生えた**「当事者意識」**のせいです。娘が生まれて初めて家庭進出を果たし、私の世界はひっくり返りました。子どもと一緒に過ごす時間のかけがえのなさ、そして同時に、子育ての過酷さも痛感しました。「こりゃ、夫婦だけでは無理だ！」と思いました。本章冒頭の通り、今私たちが幸せに子育て

ができているのは、保育園の先生を筆頭に、愛情を持って娘と接してくれる周囲の人々のおかげです。

そんな私たち夫婦にとって、そして日本中のママパパにとって、かけがえないの場所である保育・教育現場に大きな問題があったことを知った時、自然と「なんとかしなきゃ」と思いました。自分事だったからです。村人Aだって、もしモンスターが自分の村に侵入してきたら、「なんとかしなきゃ」と立ち上がります。勇者を待ってる暇なんてないんです。

この「当事者意識」は、家庭進出していなかったら持ちえなかったでしょう。家事育児を妻に任せっぱなしにして、仕事ばかりしていたとしたら、まず「キッズラインショック」のニュースが目に入らなかったし、仮に知っても「ひどい！」と思うだけで終わっていたはずです。実際、今までずっと、そうやって生きてきました。でも一度、家事育児に当事者意識を持ってしまうと、社会の至る所に違和感が出てきます。「何これ？　おかしくない？」だらけです。と同時に、そういう違和感に対して声をあげ、行動している当事者意識を持ったたくさんの村人Aがいることを知りました。

私はずっと、社会を変えるのは英雄の仕事だと思っていました。社会を変えた英雄は注目され、語り継がれます。でも、そうした物語が、今まで行われてきた社会活動のごくごく一部にすぎなかったことが、我が身を投じて初めて見えてきました。たくさんの村人A、つまり、決して日の目を見ることのない当事者たちのアクションが、この社会の変化を起こしていたのです。私が携わった今回のソーシャル・アクションは、ありふれた村人Aの物語の一つに過ぎません。

これから家庭進出をしようとしている、同胞たるパパたち。あなたが一般的な日本の職場で働いているのなら、家族のために働き方を変えることで、失うものがあるかもしれません。もしかしたら、上司や同僚の期待を裏切ることを恐れたり、出世コースから外れる心配をしたりしているかもしれません。でも、大丈夫です。

あなたが家庭進出した先に立つのは、これまでとはまったく異なる地平です。そこでは、あなたの家族が、そしてかつてないくらいたくさんの人たちが、あなたを必要としています。

コラム 05

ロビイング入門

皆さまには、日常生活でのちょっとした困りごとってありませんか。私にはあります。たとえば、妻が妊娠出産した時に想定以上にお金がかかったことだったり、さっぱりわからない保活のやり方だったり、これからもたくさん出てきそうな予感しかないです。こういった問題を解決する手段のひとつが、政治です。政治っていうと、ワイドショーとかに出てくるロクでもないもんだと思ってしまいがちですが、実は私たちの生活をより良くするためのツールなんです。

そして、我ら村人Aでも、政治にかかわる方法はたくさんあります。代表的には選挙に行くことですが、ここでは**ロビイング**という方法を紹介します。第五章でお伝えした私たちのアクションが、典型的なロビイング。「こんな社会問題で困っている！」ということを政治家に伝え、制度等を変えてもらう活動のことですね。

ちなみに、「ロビイング」の語源は、そのままホテルの「ロビー」です。ヘビースモーカーだったアメリカのある大統領が、ホワイトハウスで葉巻を吸うことを妻に禁じられました。それでもニコチンを諦められない彼は、近くのホテルのロビーでひっそり楽しんでいたのです。大統領がロビーにしばしば現れることを知った関係者は、陳情をここで行いました。これが「ロビイング」の始まりだとか。

私はNPO法人で働いているため、日々政治家と話をする機会があるのですが、これはとても大切なことだと感じています。なぜなら、政治家といっても、知らないことがたくさんあるからです。

例えば、まともに子育てをしたことがない政治家には、当事者が日々直面する苦労なんて想像しようもありません。私たちが適切に伝えることで初めて問題を認知し、解決しようと動いてくれるようになります。社会をより良くするために、ロビイングはとっても重要なのです！

とはいえ、いきなり政治家にコンタクトをとるのはかなりハードルが高いですよね。誰に連絡すればいいの？　何をどう話せばいいの？　ってなります。そこで、今回のコラムでは、誰でもロビイングができるようになるノウハウをご紹介します。まずは、「いつ、どこで、誰に、何を」を押さえましょう。ちなみに、本コラムは本編の理解に関係ないので、**興味のない人はこのまま最終章にGO！**

ｌ　ボトルネックはどこにある？

突然ですが、問題です（ジャジャン！）。お住まいのまちで、待機児童問題が深刻だったとします。子どもを保育園に入れたいあなたは、認可保育園を増やしてほしいと考えています。では、どこにアプローチすればいいでしょう？

①国
②都道府県
③市区町村

正解は、③お住まいの市区町村です！（※市区町村が計画を立てますが、最終的に認可するのは都道府県です。なお、政令指定都市、中核市、及び権限移譲市は、認可をそれぞれの市で行っています）

つまり、待機児童問題を県議会議員や国会議員に訴えても「まずは、お住まいの市にお問い合わせくださいね」と言われる可能性大です。「うちのまちにも児童相談所を設置してほしい！」なら都道府県（または政令指定都市、中核市、特別区）が相手ですし、先日、実際にあった「都バスに双子ベビーカーを乗せられるようにしてほしい！」なら東京都が相手です。私たちが解決したい社会問題は、トピックごとに管轄している行政のレイヤーが異なります。ネットで調べればすぐに出てきますので、まずはここを押さえましょう！

Ⅱ 何を変えれば解決する？

どこにアプローチするかがわかったら、次に知りたいのは「何を変えればいいのか」です。ではまたここで問題です。先ほどの「認可保育園を増やしたい」は、どうしたら早期に解決するでしょうか（ジャジャン！）

①法律を変える
②条例を変える
③市区町村の予算分配を変える。

正解は③、市区町村の予算分配を変える、です。よって、「予算を増やして保育園を設置して！」と自治体に要望することになります。保育園の設置は児童福祉法という法律が根拠になっていますが、自治体が設置する数について具体的な言及はありません。つまり、そこは自治体の裁量にゆだねられています。そして、詳しくは後ほどご説明しますが、自治体の予算は行政が「やります！」と意思決定してくれれば済む話なので、ロビイングの難易度は相対的に高くないのです。

でも、こんな意見もあるかも。「児童福祉法を改正して、待機児童ゼロを自治体に義務付ければいいじゃん。だから正解は①！」

まったくの正論であり、根本的な解決方法です。この法律ができれば日本全国の待機児童問題が永久に消滅することになります。でもこれ、超難しいんです。

社会にはルールがあり、その強さは「憲法>法律>条例」です。これを図に表すと**図5－2**のようになります。

憲法と法律は国会で、条例は地方自治体でつくられます。条例は法律に違反しない範囲でしかつくれません。そして、法律を変えるためには、国会議員の過半数に賛成してもらう必要があります。現在の議席数なら、与党はやろうと思えばいつで

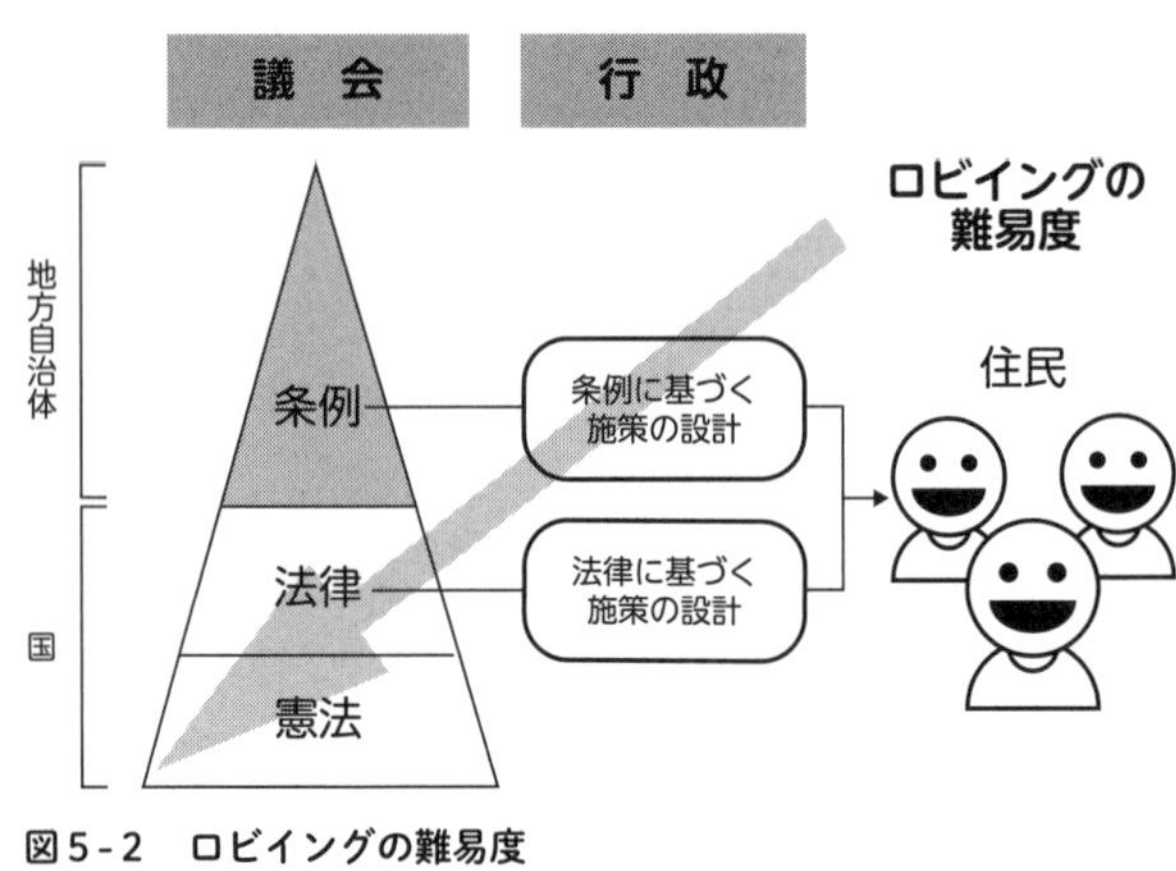

図5-2　ロビイングの難易度

筆者作成

もできるのに、あえてそれをやっていないわけです。つまり、やらない理由があるんですね。

はっきり言って、**法律を変えるレベルのロビイングは、ワンピースで言えば四皇を倒すくらい難しいです。**ロビイングはあくまで、私たちの生活の改善が目的ですから、実現可能性を考えることも大切です。

Ⅲ　誰に頼むのが正解？

「どこに、何を」変えに行くのかわかったところで、次はいよいよ「誰に」アプローチするべきか考えてみましょう。第五章は国レベルのロビイングの話でしたが、今回は、私たちにとって、より身近な地方自治体（市区町村）についてみてみます。

まず地方政治で最強のパワーを持っているのは誰かと言えば、そう、首長（一般的には「しゅちょう」と読みますが、なぜか政治業界の人ほど「くびちょう」と読む率が高い）ですね。市長や、知事のことです。首長の持っている権力は、まさにケタ外れ。**まず、次年度の予算を編成することができるのは首長です。行政のお金を一手に握っているわけですね。すごい。**

さらに、首長は議会を通過した条例があったとしても、拒否する権利があるのです。「ヤダ」って言えちゃう。過半数の議員が賛成していても、です。極め付けは「専決処分」です。本来なら議会の決定を経なければならない事柄が、議員の反対などで決まらない時、首長はそれを一存で押し通すことができてしまうのです。内閣総理大臣と比べると**図5-3**のようになります。

地域のロビイング活動において、首長の本気の賛同を得ることができたなら、成功率は飛躍的に高まります。しかし、言うまでもないことですが、首長は極めて多忙な上、一人しかいません。アプローチする難易度も高いです。そこにいくと、地方議員はたくさんいますし、地域住民の困りごとを聞くのは、議員の仕事そのものです。電話なりメールなりで丁寧に連絡すれば、だいたい会ってくれます。

	内閣総理大臣	首長
予算編成	できる	できる
議会を通過した法案（条例）の拒否	できない	できる
専決処分	できない	できる

図5-3　自治体の首長の権限は強力!!
筆者作成

議会で過半数の勢力があれば条例の改廃ができますし、議員一人でも予算のチェックや行政の各種執行事務の監視や調査ができます。議員が行政サービスの内容などに「ちょっとそれ、おかしいんじゃないの？」と注文をつけ、それに対して行政が「確かに。直しましょう！」と意思決定してくれれば、問題は解決です。頼もしい！

議員へのアプローチは、与党議員、つまりその議会でもっとも議席を多く持っている党の議員に照準を絞るのが近道です。まずはネットで議会の勢力を調べてみましょう。与党が国会と同じとは限らないので要注意です。

ただし！　地方政治に特有のポイントとして、首長と近い政党がどこかも知っておく必要があります（ここ重要！）。

国会では、行政のトップである内閣総理大臣は国会議員が選ぶので「議会勢力で過半数を持っている与党≒総理の所属する政党」です。ところが、地方議会ではそうとは限りません。首長も議員もそれぞれ住民が直接選挙で選ぶからです。そして、地方政治における首長の権力は絶大です。首長の出身（関係が深い）政党の議員は首長と繋がっている可能性が高いので、押さえておく必要があります。

なお、野党や無所属の議員は役立たずなのかというと、そんなことはありません。繰り返しますが、議員は一人でも予算のチェックや行政の各種執行事務の監視や調査をすることができます。野党議員が熱心に訴えれば、変えられることはたくさんあります。

私たちが解決したい社会問題は何を変えれば解決するか、どの議員だったら本気でやってくれそうか（議員のホームページやSNSを見れば関心のあるテーマはだいたいわかります）、そして実行力はあるか。これらの要素を総合的にみて、アプローチする議員をロックオンしましょう！

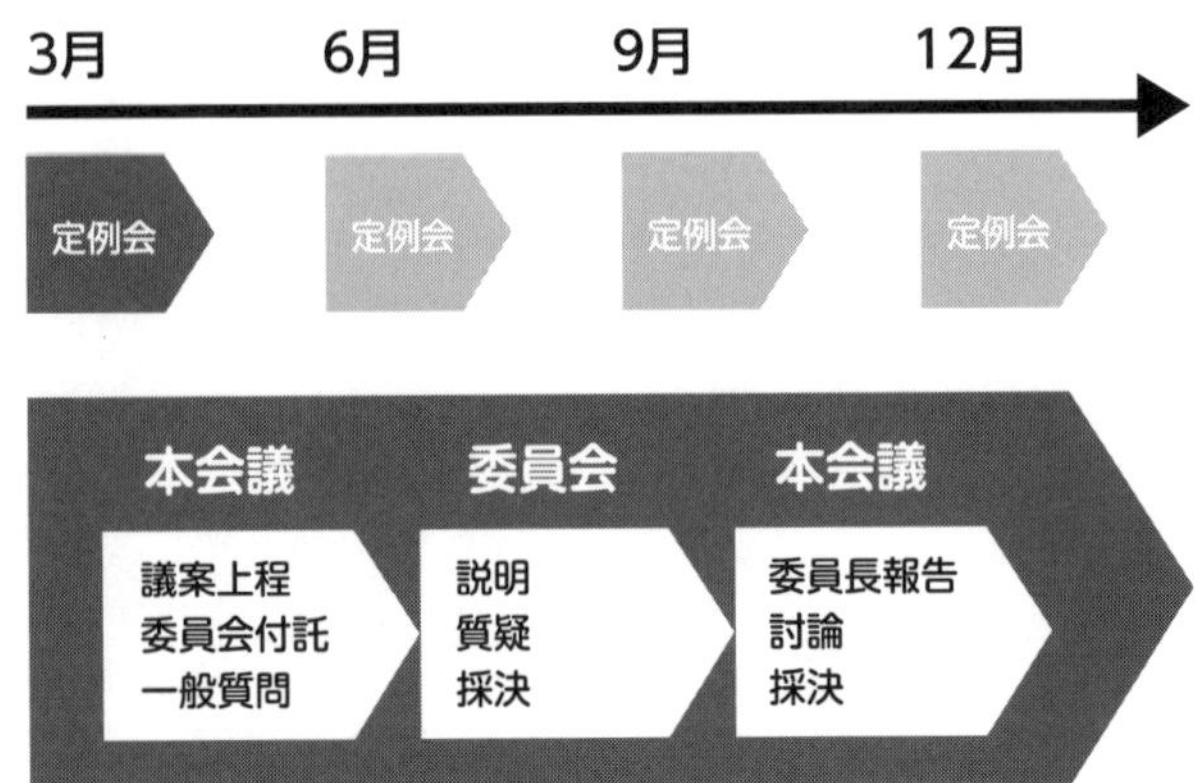

図5-4　行政の年間スケジュール
筆者作成

Ⅳ　いつ始めるのが効果的？

これまで、どこに、何を変えに、誰に会いに行くのかを説明してきました。最後のポイントは、「いつ」行くのかです。これを決めるには条例や予算成立までのプロセスを知る必要があります。

地方議会は**図5-4**の通り、年4回の定例会で条例や予算を決めます。定例会の期間は約ひと月です。この定例会には、行政も議員もしっかり準備をして臨みます。つまり、定例会が始まってからロビイングをかけては遅いのです。

なお、この定例会は本会議と委員会によって構成されています。ざっくり言いますと、本会議とは首長が「今回はこんなことについて話したい」と大きな方針について説明し、質疑、採決をする場所です。議員も全員参加します。

　でも、本会議ではおおまかなことしか話せません。行政の扱う議案は私たちの生活のあらゆる面に及んでいるので、全部やっていたら時間が足りないからです。そこで、本会議でおおまかな議論の方向が決まったら、細かい議論は委員会に任されます。委員会は、分野ごとに設置されています。例えば文教委員会とか保健福祉委員会とか建設環境委員会、とかです（自治体によって名称は異なります）。**議員は、必ずいずれかの委員会に所属しています。先ほどの「誰に」アプローチするかの話にもなりますが、ロビイングにあたって、自分が解決したい社会問題が扱われている委員会に所属している議員を押さえておくのはとても重要です。これは各自治体のホームページで公開されていますので、必ずチェックしましょう。**

　そして最後に、とっても大事な予算について。年度の予算を決定するのは、3月の定例会です。このタイミングであれこれ要望しても遅いです。予算の大枠を決定するのは首長ですが、実は前年の夏頃から諸々の検討を始めています（**図5-5**）。

　3月の議会でその予算の可否について侃々諤々の議論がなされるとはいえ、この段階ですでに、役所の中で様々な調整を終えています。つまり、ここから大きな予

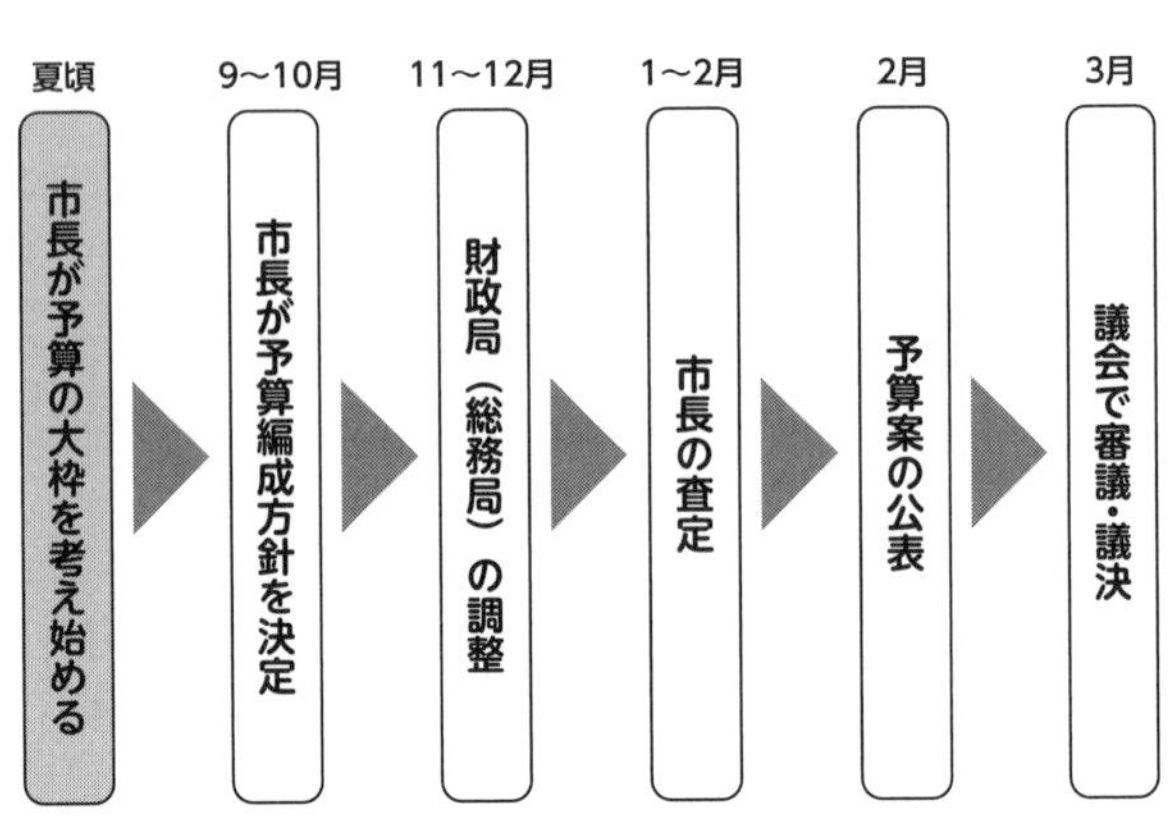

図5-5　市長の予算編成スケジュール
筆者作成

算変更をすることは、至難の業と言わねばなりません。大きな仕掛けをする時は、じっくり時間をかける必要があります。例えば、待機児童問題を解決するための予算を獲得するには、遅くても前年の夏にはアプローチを開始していないと厳しいことになります。

ただ、しばしば言われるように**「政治は生き物」**です。狙った通りにいかないことが多いので、気長に、根気強く、熱意を失わず、活動を続けることが何より大切だと思います！

以上で、前田による「ロビイング入門講座」は終了です。つらつら書いた直後になんですが、ロビイングはこうした知識がないとできないわけではありません。いつだって、誰にだってできることです。これらの知識は、成功確率をほんの少しアップする程度のもの。一番、大切なのは、社会を良くしたいという思いです。

「ロビイング」なんていうと大層なものに聞こえますが、自分たちの社会を自分たちで良くしていこうというだけの、ごく当たり前の行動なんですよね。

民主主義って、そういうものでしょ。

最終章

私たちの「幸せ」を考えてみる

本書では「男性の家庭進出」や子育てというテーマを、個人的な体験談、様々なデータ、社会問題、政治問題など、多様な視点からみてきました。最終章では、それらを幸せという切り口で問い直します。そもそも、私が子育てを頑張っているのも、男性としての生き方を問い直しているのも、社会問題解決に取り組んでいるのも、すべては幸せになりたいがためです。そうです、私は、幸せになりたいのです（キリッ）!! そして家族にも、幸せになってもらいたい！ そうじゃないと、私も幸せにはなれないからです。

ここで、ちょっと哲学的な問いが出てきます。そもそも「幸せ」ってなんでしょうか？どうしたら、家族みんなで幸せに生きていけるのでしょう？ 一定の基準を満たしている場合、どんな時に幸せを感じるかは「人それぞれ」です。人々の生き方が多様化しているこの時代、幸せの形も人の数だけあるでしょう。

しかし、「親子の笑顔をさまたげる社会問題を解決する」をミッションとするＮＰＯに勤めている身としては、最大公約数的な人の幸せとは何か、考えずにはいられません。だって、「親子の幸せ」が何かわかってないと、「親子を笑顔に」なんてできないじゃないですか。

人の幸せとは、選択肢の多さなのか？

「人の幸せとは、人生の選択肢が多いことだ」

最近、様々なメディアでこんな意見を聞くようになりました。ここでいう「選択肢」とは、キャリア、生き方、購買力、等々のことです。多様性が重要なテーマになっている令和の日本にとって、なんとなく、〝正しい〟感じのする答えです。でもなんだか、腑に落ちません。人は、選択肢が多いと幸せになれるのでしょうか？

一般的に、人にとって最も選択肢が多いのは若い時期でしょう。でも、個人的には、スクールカーストのド底辺にいたせいか、学生時代はそんなに幸せではありませんでした。人生の選択肢が劇的に少なくなった現在の方が、遥かに幸せです。

また、日本はなんだかんだいっても、経済的には豊かな国です。貧困に苦しむ国の人々とでは、人生における選択肢の数は比較になりません。ということは、当然、私たちの方が幸せなハズです。ところが、国連が毎年発表している「世界幸福度ランキング２０２０年版」（「自分にとって最良の人生から最悪の人生の間を10段階に分けたとき、いま自分はどこに立っていると感じるか」という質問への回答によって、幸福度をランキングしたもの）によれば、**日本は**

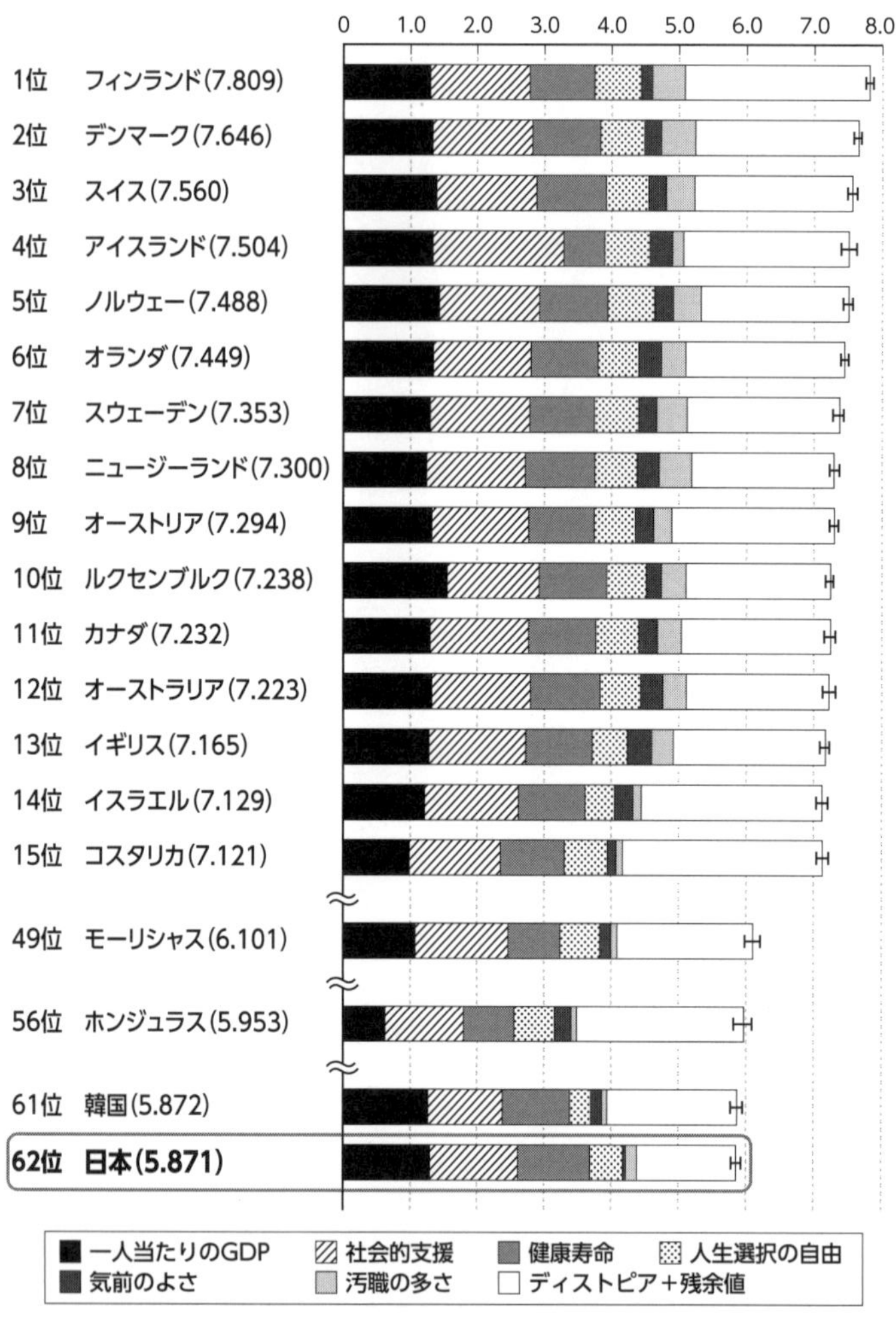

図6-1　日本人は幸せじゃない？

出典：World Happiness Report 2020「Ranking of Happiness 2017-2019」

先進国では最下位クラスの62位です（図6－1）。ちなみに、一人あたりのGDPが日本の約1／4しかないモーリシャス共和国は49位で、「世界一治安が悪い」とまで言われるホンジュラス共和国ですら56位です。なお、1位は3年連続でフィンランド。

健康で文化的な最低限度の生活が営めていない場合は、経済的な選択肢の多さが幸せに直結します。でも、こうした調査結果を踏まえると、「人生の選択肢の多さ」は多ければ多いほどいい、というわけでもなさそうです。

「成長教」は、人を幸せにしない

次に、科学的な視点から「幸せ」をみてみましょう。一般的に認められている定義によれば、幸せとは「主観的厚生」です。つまり、客観的に測ることはできなくて、あくまで、私たち自身がどう感じるか、です。

私たちが幸せを感じるメカニズムを科学的に説明すると、脳内を駆け巡る生化学物質の相互作用の結果となります。ニューロン、シナプス、さらにはセロトニンやドーパミン、オキシトシンといった様々な生化学物質から成る、複雑なシステムによって決定されています。

幸せについて、人類は有史以前から考え続けてきましたが、それは哲学的なアプローチでした。しかし、1970年代以降、本格的に科学的アプローチが始まります。この幸せに対する諸研究の成果、それに基づいて世界中の人々の生活を調査した結果をドキュメンタリーとしてまとめた映画『happy ～しあわせを探すあなたへ』（2011年、アメリカ）が、とにかく面白いのです。

映画の冒頭で、人の幸せを構成する要素は主に三つに大別できると紹介されますが、これがショッキング。**なんと、最も大きな要素は「遺伝」なんですね。幸せの50％もの割合を占めていました……!!** 平常時のテンションで、なんとなくポジティブな気分になる人と、理由もなくネガティブな気分になる人がいます。これを決定するのは遺伝的要素であり、「遺伝の規定ポイント」と呼ばれています。瞬発的にとても嬉しいことがあっても、逆に、落ち込むようなことがあっても、結局このポイントに戻ってくるのだとか。うう、なんかツライ。でも、わかるような気もします。

幸せとは自分たち自身で努力して摑み取るもの！　頑張って勉強して、なりたい職業に就いて、成長して、昇進して、社会の尊敬を集めれば幸せになれるハズ!!　と私は信じていました。**しかし、この映画によれば、キャリアや自己実現を含む生活環境は、人の幸せにせいぜい10％程度しか寄与していないそうです。**

そ、そんな……！　自分もかつてそうだったし、今でも日本のパパたちの多くのは、家族のことも顧みず、朝から晩まで働いているというのに、じゅ、じゅっぱーせんと……!!

では、幸せを構成する残りの40％は何なのか。**それは「意図した日々の行動（Intentional Activities）」だとされています。自分の外に設定された何かを達成することではなく、そこに至るプロセス、行動そのものに人は幸せを感じるのです。**

例えば、運動です。運動は、それを行うだけで脳内から自動的にドーパミンが放出されます。ドーパミンが出ると、脳は幸せを感じるようになっています。よって、空前のブームである筋トレは、幸せになるためには実に有効な手段といえます。また、好きなことに熱中している時間には、ドーパミンが放出し続けている状態になります。読書、料理、登山、仕事、セックス等々、何かに没頭していると人は幸せになるというわけです。この没頭状態を**「フロー」**といいます。

Mr.Childrenは、名曲『名もなき詩』で「愛はきっと奪うでも与えるでもなくて　気が付けばそこにあるもの」と歌いましたが、まさにこれですね。幸せも一緒です。頑張って獲得するものではなく、そこにあるもの、というわけです。

でも、ここでさらなる疑問が湧いてきます。人はずっと、こういうフロー状態にいたら幸せなのでしょうか？　フロー状態によって得られる幸せな時間が、不幸だと感じる時間を総量で上回れば、自分の人生は幸せだと、胸を張って言えるのでしょうか……？

科学的な〝幸せ〟の極地

この疑問が浮かんだ時に真っ先に思い出したのが、オルダス・ハクスリーの古典的ＳＦ小説『すばらしい新世界』です。作品の舞台は近未来。人は母親からではなく、人工授精によって工場で生まれ、成長してから担う予定の役割に応じて遺伝子操作が施されています。子どもたちは成人後に予定通りの仕事につき、何の不満もなく自分の役目をこなします。仕事にはやりがいを感じており、幸せです。他の仕事をしたいという欲求そのものが存在しないし、また、その能力もありません。

ただ、生きていればやはり、辛いことや悲しいこともあります。そういう時は、生産性と効率性を損なわずに幸福感を得られる「ソーマ」という合成薬を服用します。覚醒剤のような副作用もありません。人々はもはや、辛いことを我慢する必要すらないのです。

この世界を統治する世界国家は、ついに戦争や革命、ストライキやデモから解放されました。世界は平和そのもの。なぜなら、この世界の誰もが〝幸せ〟だから……。

もし、この世界の住民に「あなたは幸せですか」と尋ねたら、１００％「幸せです」と答えるはずです。でも、私たちの感覚からすると、どうでしょう。少なくとも私は、とても恐ろしいと感じました。誰のために、何のために、生きているのかわからないと思ったからです。でも、こうした思いは、幸せと関係があるのでしょうか……？

快楽とはほど遠い子育て。でも、幸せ

ここで、第二章でも引用したノーベル経済学賞受賞者、ダニエル・カーネマンの研究を思い出してみてください。**この研究によって、親は日々の子育てを相当に不快な仕事だと感じていることが判明しました。しかしその一方で、親たちは同じ口で「子どもこそ自分の幸福の一番の源泉である」と断言しています。カーネマンの研究は、幸せとは、不快な時間を快い時間が上回ることではない、と示しています。**

私自身、実際に子育てをしてみて、この研究のいわんとすることに、強く共感します。幸せになれるかどうかは、「自分の人生は有意義で価値がある」と、自分自身が捉えられるかどうかにかかっているようです。では、いったいどうすればいいのか。

ここで、先に紹介した映画『happy』で出てきた、人が意図的に生み出せる幸せの最大要素「意図した日々の行動」に戻ります。調査によれば、どんな行動で幸せを感じているかは人によって実に様々でした。でも、高い幸福度を得ている人たちに共通する行動が、たった

ひとつだけありました。**家族や友人、地域など、お互いに信頼し合えるコミュニティーの中で、何らかの役割を担っていたのです。**人は、自分以外の人のために行動する時、自分の人生は価値があったと認識できるというのです。

私たち人間（ホモ・サピエンス）は、社会的な生き物です。何十万年に及ぶ進化の過程で、人間同士で協力し合うことでインセンティブ（報酬）が得られるように脳が設計されました。協力し合わなければ、過酷な環境を生き抜くことができなかったからです。

こうした脳の仕組みは、数百年程度で変わるものではありません。ベイラー医科大学のリード・モンタギュー教授によれば、人間は互いに協力することによって、脳でドーパミン反応が起こります。教授曰く**「人と協力して生活することは、麻薬と同じくらい気持ちいいこと」**だそうです。

私たちの幸せを、社会に決めさせない

これにて、私の調べた限りの、人の幸せの構成要素は終了です。「え、これだけ？」と感じたでしょうか。そう、人の幸せに必要なのは、基本的にこれだけです。遊ぶこと。好きなことをすること。友達や家族を大切にすること（繰り返しになりますが、健康で文化的な最低

限度の生活が営めていることが前提です）。

大学に行かないと手に入らないものではないし、いい会社に入らないといけないわけでもありません。終電ギリギリまで残業する必要だってないです。なのに、私たち日本人って、日々、何かに追われすぎじゃないですか？

私たちは、子どもの時からこう言われ続けてきました。「もっといい学校に行けるはずだ！」「もっと充実した仕事があるはずだ！」「もっと成長できるはずだ！」「もっと相応しいパートナーがいるはずだ！」「もっといい家に住むべきだ！」

資本主義社会の必然として、我々は常に、無限の選択肢を突きつけられています。しかし、その選択肢、本当に全部、必要でしょうか。幸せについて真剣に考えるなら、冷静に考え直す必要があると思います。もちろん、本章冒頭でも書いた通り、幸せの形は十人十色です。ここまで述べてきた幸福論は、科学的・統計的に導き出された一般論に過ぎず、すべての人に当てはまるわけではありません。死ぬほど働いて大金持ちになることに真の幸せを見出す人だっているでしょう。

しかし、特に同胞たる子育て世代のパパたちには、どうしても訊いておきたい！　**今の生き方は、幸せになるために、自分自身の心に向き合って選んだものでしょうか。あなたとあなたの家族の幸せを、“常識”や社会に決めさせてはいないでしょうか。**子どもができても、育休なんて取るべきじゃない。子どもがいるからこそ、頑張って働いて稼ぐべき。休みの日でも、接待ゴルフや終わらなかった仕事をこなすべき、等々。

もちろん、ご自身が本気でやりたくて、家族も応援してくれているのなら、仕事一筋の生き方も幸せだと思います。そうした方の生き方に口を出すつもりはありません。しかし、日本のパパたちの多くは、本当に望む生き方をできていないことが、本書で紹介したデータや研究で明らかになっています。私には、それが日本人の幸福度を押し下げている要因の一つではないかと、思えてなりません。私たちの幸せは、私たちが自分で決めるべきです。

「一隅」を照らす光になる

「一隅を照らす、これすなわち国宝なり」という言葉があります。1200年以上昔の、最澄という偉いお坊さんの言葉です。一隅とは、今、あなたがいる、その場所です。世間の耳目をひくような、凄いことができなくてもいい。自分の周囲を守ること、幸せにすることが大事なんだ。それで、社会が成り立っているんだ、という意味です。

私にとっての「一隅」とは、家庭です。幸せな家庭を、家族を守ること、それをやり切れたなら、この世からおさらばする時に「幸せな人生だった」と総括できると思っています。

そう考えて家庭に進出したところ、そこは想像を遥かに超えるカオスな場所でした。「理不尽」という言葉を体現したかのような娘と、毎日が暗中模索な新米ママパパの私たち。三人の小さな世界は、予期せぬトラブルの連続です。ふと部屋の外に目を向ければ、「こんな世界で、娘は幸せに生きていけるのか⁉」と愕然とするような問題の数々。

朝から終電までバリバリ働き、毎晩のように飲み歩いていた若かりし頃、「家族を守る」なんて、ちっぽけなことだと思っていました。「何か大きなことをして、世の中を変えてやるぜ‼」と、イキり倒していました。

それから10年以上を経て、当事者になった私は、「家族を守る」は壮大なミッションであることを知っています。私のキャリアの中では、間違いなく最難関のミッションです。でも、だからこそ、これまでしてきたどんな仕事より、やりがいがあります。

私は、自分の家族を守ることが、社会を変えることに繋がっていると信じています。今、社会問題の最前線は、家庭にあります。約１２００年前に最澄和尚が仰ったことは、令和になっても変わりません。

日本の長い歴史の中には、社会の分岐点が何度もありました。そのたびに、日本の男たちは甲冑（かっちゅう）を身につけ、刀を手に取り、命を賭して戦ってきました。未曽有の少子高齢社会を迎えた令和の今、私たちは再び日本の興廃を決する分岐点に立っています。私たちも、立ち上がらねばなりません。

でも、刀や甲冑はもはや必要ありません。現代の日本男児が身につけるべきはエプロンで、手に取るのはスポンジです。お皿を洗い、お風呂のカビを落とし、定時に会社を出て、子育てをするのです。昼間は別の戦場で戦う妻と、支え合って生きるのです。それが、私たちの戦いです。

さて、今日も頑張って、私の一隅を照らすとするか！　まずは朝ごはんの準備からかな!!

あとがきに代えて、謝辞

正直に言います。本を書く前は「謝辞ってなんのためにあるの？」と思っていました。著者が関係者に感謝したいのはわかりますが、それなら直接お伝えすればよいのであって、文字に起こして巻末に付ける必要ある？　って。でも、いざ自分が初めての本を書き終えた今、「謝辞、猛烈に書きたい！　書かずにはおれん!!」と、誰にも頼まれていないのにこの文章を書いています。

それは、この本が自分ひとりの力だけでは絶対に作れないものだったから。それなのに「著者、前田晃平、ドーン！」ってなっている違和感がすごい。

本当は、本の表紙やら帯やらに、関係者の名前を全部明記したい！　みんなで作った本なんだよー！　と世間に声を大にしてお伝えしたいのです。それが叶わないので、せめて謝辞で……！　という気持ち。これからは、どんな本を読む時にも謝辞にもきっちり目を通そうと誓いました。今までの読んできた本、ごめん！

まずはじめに、ここまで本書を読んでくださった皆さまに、心から感謝を申し上げます。私は有名人でもなければ、専門家でもありません。村人Aです。でも、だからこそ、本書には意味があると思ったんです。専門家視点の男性育児や、親子にまつわる社会問題を扱う本はすでにたくさんあって、すごい勉強にはなるけれど、それはまさに「勉強」でした。でも、石を投げれば当たる村人Aが、実際に体験したことや考えたことなら、読者の皆さまに「自分ごと」として捉えていただけるのでは、と思いました。本書をきっかけに「そこらへんにいる普通のパパも頑張ってるみたいだし、私も何かやってみようかな」なんて思っていただけたとしたら、筆者は本当に幸せです。

そして、本書を出版するきっかけをつくってくださったｎｏｔｅ株式会社の志村優衣さん。ｎｏｔｅでコツコツと記事を書いている中で、いつか出版できたらいいなぁなんて妄想をし始め、出版企画書をまとめたのが２０２０年の夏でした。でも、出版社にツテなどあるはずもなく、ご相談したのが志村さんです。いきなり送りつけてしまった企画書にきっちりと目を通したうえで、出版社に繋いでくださいました。本当に、ありがとうございました！

それから、光文社の担当編集、永林あや子さん。どこの馬の骨ともしれない男の企画を、なぜか拾ってくれました。その後の約半年間、人生初の執筆で、素人丸出しのイケてない文章を根気強く指導してくれて、より良い作品になるようにたくさんのアドバイスをくださいました。永林さんが文章を修正してくださるたびに、自分が書いたのより遥かに読みやすく、面白い内容になっていて、その都度、舌を巻いていました。「編集者ってすごい！」と、心底思いました。この本は、永林さんとの合作です。ありがとうございました！

ハナウタさん。育児で忙しい中、素敵なイラストを描いていただき、ありがとうございました！　たまたまTwitterでハナウタさんのイラストを見かけた時、赤ちゃんのあまりのかわいさに「この人だー！」と確信し、熱いオファーをしたのは大正解でした。ちょっとオタクな雰囲気の文章（自覚あり）も、ハナウタさんのイラストのおかげで、逆に味わい深くなったような⁉　また、思わず手に取りたくなる装幀に仕上げてくださったデザイナーの熊谷智子さん。本文デザインにも工夫をこらしてくださいました。「この本、読みやすいじゃん」と思っていただけたとしたら、それは熊谷さんのおかげです。ハナウタさんのイラストや熊谷さんのデザインにひかれて本書を手に取ってくださった方も多いに違いありません。

認定NPO法人フローレンス代表の駒崎弘樹さん。上司として、私の社会問題に対する見識を押し広げてくださっただけでなく、パパの先輩として、生き方にまで大きな刺激をもらいました。日々の仕事、ソーシャルアクション、子育て、そして執筆活動を同時にこなす中、忙しさにかまけ、家事育児をちょっとだけ妻に多めに負担してもらおうかな〜、なんて甘えが出そうになった日もありました。でも、経営者として、政策起業家として、私より遥かに高いレベルで日々働いている駒さんが、家事にも育児にも手を抜かず、きっちり執筆作業までやられている姿を見て、そんな恥ずかしいことはできない、と踏みとどまりました。

フローレンスの皆さま。いつも温かく支えてくださって、本当にありがとうございます。執筆のためにお休をいただいてしまったのも一度や二度ではありませんが、嫌な顔ひとつせず送り出してくれて、なんと心強かったことか！

政治に関して、多大なる知見を提供してくださった長島昭久衆議院議員。第四章でご紹介した泉房穂市長と繋いでくださったのも、長島議員です。児童虐待から子どもたちを守るための施策を考える中で明石市に行きつき、泉市長にお話を伺ったのがきっかけでした。ど素人の青臭い意見ばかりギャンギャンいう私に、政治のリアルと、現実主義を踏まえて、具体的な行動で応えてくださる姿勢に、日々感銘を受けております。改めて、感謝を申し上げます。引き続きご指導いただければ幸いです！

行政のあるべき姿について、その仕事と成果を通じて、これ以上なく雄弁に示してくださった泉房穂市長。ご多忙の中、何度もインタビューをさせていただきましたが、その都度変わらぬ熱意でお応えいただき、感謝に堪えません。明石市に引っ越したいです！

第五章でご紹介したソーシャルアクションの成果は、木村弥生衆議院議員のご尽力なくしては為し得ないものでした。慶應義塾大学ＳＦＣの大先輩でもある木村議員には、これまでの議員活動で積み上げてこられた保育・教育現場の性犯罪に関する見識や人脈を、惜しみなく共有していただきました。引き続きのご指導を、何卒よろしくお願い致します。

お義父さん、お義母さん。娘が生まれて以来、もう（文字通り）毎日お世話になりっぱなしです。休日にお二人が娘の育児を担ってくれたおかげで、執筆時間を捻出できました。お二人の存在なくして私たち夫婦の円満な生活はあり得ず、そして、本書が世に出ることも、まずありませんでした。足を向けて寝られません。この場を借りて、改めて感謝を申し上げます。

実家の父と母。私を含め男兄弟4人を育て上げてくれた二人の偉大さを、日々、娘一人の子育てに音を上げそうになりながら、今さら痛感しています。救いがたい失敗も人一倍（二〜三倍?）するけども、それでもめげずにここまでやってこられたのは、ずっと見守ってくれていた二人のおかげです。本当に、ありがとうございます。

妻へ。この本は、私たち家族の生活、子育て、会話、議論、ケンカを通じて、生まれたものです。結婚当初、私は今とは全く違った価値観を持っていて、育休の取得なんて考えたことすらありませんでした。それが今の形になったのは、あなたのおかげに他なりません。もしパートナーがあなたでなかったなら、そもそも「家族を大切にしよう」なんて思うことすらできなかったかもしれない。私の人生を豊かにしてくれて、心から感謝しています。これからも、末長くよろしくお願い致します。

そして最後に、娘へ。この本を書いたのは、きみに幸せな人生を歩んでほしかったからです。なんでそう思ったかというと、きみがお父さんを幸せにしてくれたからです。きみが生まれてきてくれて、お父さんとお母さんの世界は一変しました。きみは本当に手のかかる子で、育てるのは大変です。でも、その大変さの何倍も、私たちを幸せにしてくれました。だから、きみが大人になって社会に出る前に、今の社会にある理不尽や不条理を、ひとつでも多く解決しておきたいと思ったんです。これは、私からきみへの恩返しです。

そうはいっても、残念ながら、この社会の問題のすべてを、私たちの代だけで解決することはできなそうです。だから、願わくは、きみが大人になった時、次に続く子どもたちのために、この社会の不条理や理不尽を、率先して解決できる人になってほしいです。もう少し大きくなったきみが、この本を読んでくれた時、「社会ってなんだろう」と考えてくれたのなら、とてもうれしいです。バトンがきみに渡るとき、社会が今よりもっと素晴らしい場所になっているように。お父さんは、仲間と一緒に頑張っていきます。

2021年3月　東京の自宅にて　　前田晃平

参考文献

・青野敏博（2001）、武谷雄二（編集者）『新女性医学大系32　産褥』中山書店
・泉房穂（2019）『子どものまちのつくり方』明石書店
・泉房穂、北川正恭、清原慶子、さかなクン、藤山浩、村木厚子、藻谷浩介、湯浅誠（2019）『子どもが増えた！～明石市人口増・税収増の自治体経営』光文社新書
・明石順平（2019）『人間使い捨て国家』角川新書
・安宅和人（2020）『シン・ニホン～AI×データ時代における日本の再生と人材育成』NewsPicks パブリッシング
・天野妙、小室淑恵（2020）『男性の育休～家族・企業・経済はこう変わる』PHP新書
・伊藤計劃（2010）『ハーモニー』早川書房
・斉藤章佳（2019）『「小児性愛」という病　――それは、愛ではない』ブックマン社
・鈴木亘（2009）『だまされないための年金・医療・介護入門～社会保障改革の正しい見方・考え方』東洋経済新報社
・髙崎順子（2016）『フランスはどう少子化を克服したか』新潮新書
・治部れんげ（2020）『「男女格差後進国」の衝撃～無意識のジェンダー・バイアスを克服する』小学館新書
・中野円佳（2014）『「育休世代」のジレンマ～女性活用はなぜ失敗するのか？』光文社新書
・日本財団 子どもの貧困対策チーム（2016）『徹底調査　子供の貧困が日本を滅ぼす～社会的損失40兆円の衝撃』文春新書

・前田健太郎（２０１９）『女性のいない民主主義』岩波新書
・山口慎太郎（２０１９）『「家族の幸せ」の経済学～データ分析でわかった結婚、出産、子育ての真実』光文社新書
・Aldous Leonard Huxley(１９３２)、大森望（訳）『すばらしい新世界』早川ｅｐｉ文庫
・David Stuckler、Sanjay Basu（２０１４）、橘明美、臼井美子（訳）『経済政策で人は死ぬか？～公衆衛生学から見た不況対策』草思社
・G. Esping-Andersen(２００８)、京極髙宣（監修）、林昌宏（訳）『アンデルセン、福祉を語る～女性・子ども・高齢者』ＮＴＴ出版
・Paul Raeburn(２０１９)、東竜ノ介（訳）『父親の科学～見直される男親の子育て』白揚社
・Paul Tough(２０１７)、高山真由美（訳）『私たちは子どもに何ができるのか～非認知能力を育み、格差に挑む』英治出版
・Yuval Noah Harari(２０１６)、柴田裕之（訳）『サピエンス全史～文明の構造と人類の幸福』河出書房新社
・Yuval Noah Harari（２０１８）、柴田裕之（訳）『ホモ・デウス～テクノロジーとサピエンスの未来』河出書房新社

本書はｎｏｔｅの記事（https://note.com/cohee）に大幅な加筆修正を行い、再構成したものです。

イラスト／ハナウタ　Instagram@hanautahaluta
装幀・本文デザイン／熊谷智子

前田晃平（まえだこうへい）
1983年、東京都出身。慶應義塾大学総合政策学部中退。株式会社リクルートホールディングス新規事業開発室プロダクトマネージャーを経て、現在、認定NPO法人フローレンスでマーケティング、事業開発に従事。政府・行政に政策を提案、実現するソーシャルアクションを行う。妻と娘と三人暮らし。毎日子育てに奮闘中！

パパの家庭進出がニッポンを変えるのだ！
ママの社会進出と家族の幸せのために

2021年5月30日　初版1刷発行

著者　前田晃平

発行者　田邉浩司
印刷所　堀内印刷
製本所　榎本製本
本文図版制作　キンダイ
発行所　株式会社光文社
〒112-8011　東京都文京区音羽1-16-6
https://www.kobunsha.com/
電話　新書編集部　03-5395-8289
書籍販売部　03-5395-8116
業務部　03-5395-8125
メール　sinsyo@kobunsya.com
JASRAC 出 2102139-101

落丁本･乱丁本は業務部へご連絡くだされば、お取り替えいたします。

ISBN978-4-334-95243-3